生活轻哲学书系

阿兰·德波顿 主编

THE SCHOOL OF LIFE

HOW TO STAY SANE

学会观察和倾听自己的情绪

〔英〕菲莉帕·佩里 著 郭永红 译

人民文学出版社
PEOPLE'S LITERATURE PUBLISHING HOUSE

著作权合同登记号　图字 01-2016-2900

图书在版编目(CIP)数据

学会观察和倾听自己的情绪/(英)菲莉帕·佩里著；郭永红译.—北京：人民文学出版社，2016
("生活轻哲学"书系)
ISBN 978-7-02-012043-7

Ⅰ.①学…　Ⅱ.①菲…　②郭…　Ⅲ.①情绪-自我控制-通俗读物　Ⅳ.①B842.6-49

中国版本图书馆 CIP 数据核字(2016)第 228189 号

责任编辑　**卜艳冰　张玉贞**
装帧设计　**赵　瑾**

出版发行　**人民文学出版社**
社　　址　**北京市朝内大街 166 号**
邮政编码　**100705**
网　　址　**http://www.rw-cn.com**

印　　刷　**山东德州新华印务有限责任公司**
经　　销　**全国新华书店等**

字　　数　**75 千字**
开　　本　**890 毫米×1240 毫米　1/32**
印　　张　**5.25**
版　　次　**2016 年 12 月北京第 1 版**
印　　次　**2016 年 12 月第 1 次印刷**

书　　号　**978-7-02-012043-7**
定　　价　**28.00 元**

如有印装质量问题，请与本社图书销售中心调换。电话：01065233595

目录

Introduction

引 言

我理性，你古怪，他疯狂。

大多数心理医生和许多治疗精神疾患的医生依据《心理异常的诊断及统计手册》这本指南来定义精神异常的类型和程度，你会发现这本手册里描述了各种各样的人格障碍。尽管人格障碍的类型多种多样，并且在后来的各种修订版中，新定义的精神异常仍不断增加，但这些定义主要仍归为两种主要的范围[1]。

第一种人陷入混乱的局面，他们的生活危机四起；而另一种人则墨守成规，行为处事总是限于一套死板、过时的反应。我们当中的有些人则同时属于这两种类型。那么，对于以过于刻板的方式回应世界，或是过于受环境影响，致使自己永远处于混乱状态的这些问题，我们有什么解决之道呢？我认为解决之道就像一条宽广的大路，路上有许多弯口和岔道，但并不是只有一条路是“正确”之路。

有时候我们会滑向过度僵化的一端，感觉被困住了，动弹不得；而另一方面，在我们的一生中，几乎没有人能够不滑向混乱的另一端，从而导致混乱与失控的状态。本书旨在探讨如何在两个极端之间寻求平衡，如何使自己保持生活稳定性的同时又能有一定的弹性，在维持协调性的同时又能包容复杂性。换句话说，就是如何保持心智和情绪的健康。

世界上并没有一套简明的确保心智和情绪健康的方法。我们每个人都是由独特的基因组合而成的，而且都各自拥有独一无二的人际关系。我们中有些人需要让自己更加开放一些，也有些人需要练习让自己更克制；有些人需要学会更信任他人，也有些人需要学会更细心，更有辨识力。令我快乐的东西很有可能会使你感到悲伤；而对我来说是有用的东西可能对你来说却是有害的。因此，要想有一套关于如何思考、如何感觉和如何行动的明确指导，基本上是不可能的。基于此，我想要提出一个思考方法，来探讨我们的大脑是如何工作的，它的形成及演化又是怎样的。我相信，如果我们能够描绘出心智是如何形成的，就能够改善自己的生活方式。这种关于大脑是如何进行工作的探究，已经使得我和我的一些患者可以更好地掌控自己的生活。因此，这种方法很可能与您发生共鸣。

柏拉图把灵魂比作由两匹马拖着走的马车。驭马者是理性，其中一匹马是激情，另一匹马是欲望。这一比喻一直沿用至今，只要是与心灵有关的比喻，或多或少都遵循了柏拉图的这一模型。

我的方法只不过是这个模型的另一个版本，并受到了神经科学与其他有效疗法的影响。

大脑的三位一体

近年来，科学家已经发展出一套关于大脑的新理论，他们已经开始认为，大脑并非由单一结构，而是由三种不同的结构组成的。长久以来，它们共同作用却又各司其职。

大脑的第一个层面是脑干，又称为爬行动物脑。人一出生，脑干就在运作，负责控制人的反射动作以及心脏这一类器官的非自主反应肌的功能。在某些时刻，它能挽救我们的生命。当我们心不在焉地踏上汽车道时，脑干就会在我们还未意识到实际情况之前，就让我们跳回到人行道。有人用手指在我们眼前轻弹时，脑干就会让我们下意识地眨眼。脑干不会帮你做“数独”问题，但是在最基本、最必要的程度上，它会保护你的生命，让你维持身体的运作，并让你远离各种危险。

大脑的其他两个结构是古哺乳动物脑（又称为右脑）、新哺乳动物脑（又称为左脑）。虽然我们的一生中，这两种结构

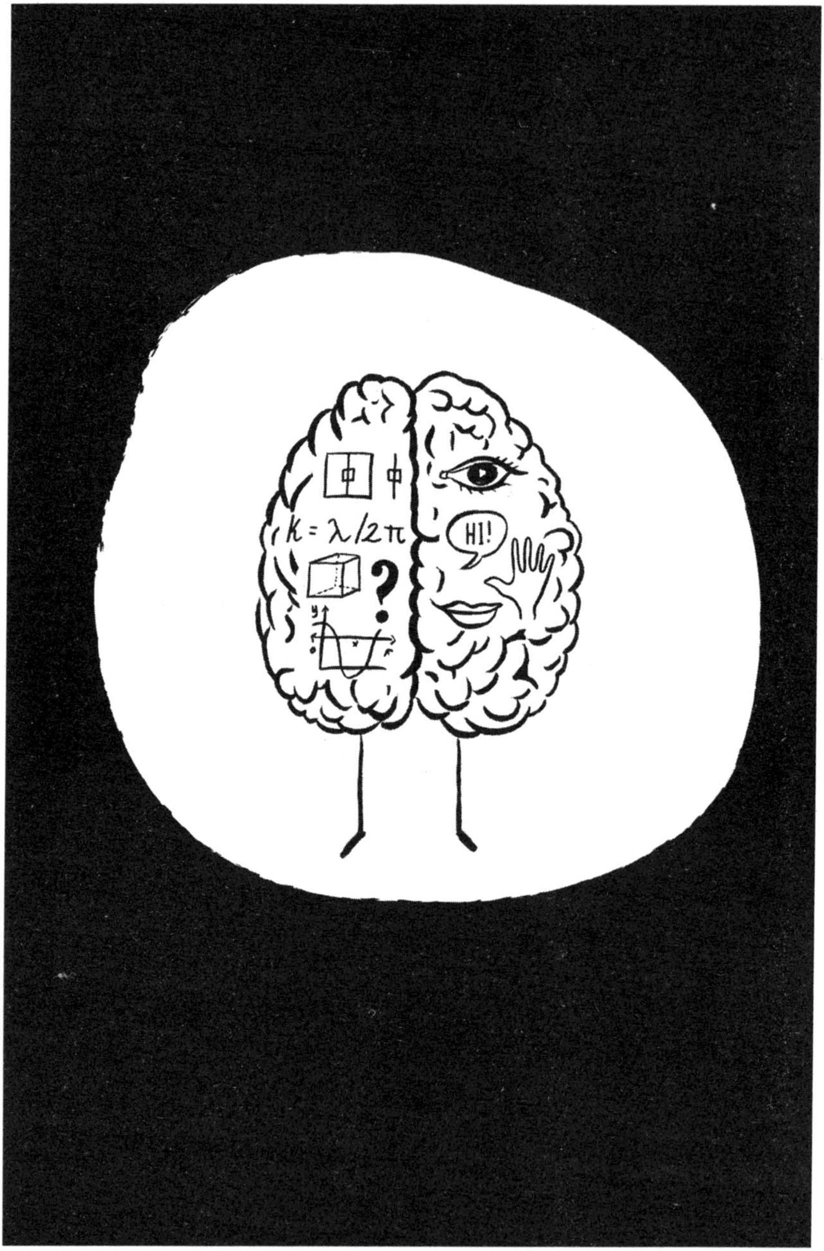
k = λ/2π
HI!

都在不断发展着，但绝大部分的发展在我们五岁之前就已基本形成了。单个的脑细胞是无法独立运作的，需要与其他脑细胞联合起来发挥作用。我们大脑的发展过程，就是将许多单个的脑细胞联系在一起以形成神经通道的过程。这种联系是在与他人的互动过程中形成的，因此我们大脑的发展，受到我们早期的人际关系的影响更甚于基因，受到后天培养的影响更甚于先天禀赋。

这就意味着人与人之间的许多差别，都可以从幼年时期经常发生在我们身上的经验中得到解释。我们的经验实际上塑造了我们大脑的内容。以传说中的极端个案为例，如果一个人生下来的头几年并不是由人类抚养长大，而是由狼来抚养，那么这个人的行为模式就会更像狼，而不太像人。

在出生后的头两年，右脑非常活跃，左脑却处于惰性状态，显得不太活跃。然而，在接下来的几年里，大脑的发育换了个个儿，右脑的发展变得缓慢起来，而左脑却开始了一个相当活跃的发展期。

我们如何与他人密切相处、如何信任他人，对自身的满意程度、受到困扰之后使自己得到舒缓的快慢程度，这些都与我们在生命最初几年，右脑在神经通道上所建立的坚固基础有关。因此，右脑是我们大多数情感和直觉发展的主要区域，正是这一结构层在很大程度上负责我们对他人的同情、协调并与之建立关系。右脑不仅最早得到发展，而且还一直起着主导作用。我们看一眼，闻一下，右脑就会接收信息，并对整个情况做出判断。正如在莎士比亚的《李尔王》一剧中，瞎眼的格洛斯特公爵环顾四周时所说："我满怀感情地看待它。"

我们可以将左脑看成是主要负责语言、逻辑和推理的结构。我们用左脑将经验化成语言，以使自己和他人都清楚自己的想法和观点，并进一步将计划付诸实践。实证科学、分类学、哲学和语言学，就是主要利用左脑的能力发展出来的学科。

正如我之前说过的，在生命的头两年，左脑的发展速度比右脑慢，这就是为什么在负责语言和逻辑的左脑，在有能力影响我们的人格之前，我们人格形成的基础就已奠定，而这也就是右脑之所以能处于主导地位的原因。你有没有遇到过这种矛盾：你明明知道应该选择理性行为，但同时你却不由自主地反其道而行之？这就是我所说的左脑和右脑的共同影响。显然，尽管你明显较为理性的部分（左脑）具有语言能力，但另一部分（右脑）似乎才有决定权。

当我们还是婴儿的时候，我们大脑的发展与最早照顾我们的人有关。他们给我们的任何情绪及思维过程，都会反映、影响并存储在我们正在发育的大脑中。当一切顺利时，父母和看护人会反映、肯定我们的情绪和精神状态，来确认并反馈我们的感受。因此，大约在我们两岁的时候，大脑已形成明确而独特的形态。也就是在此时，我们的左脑才成熟到足以理解语言。这一双重发展使我们在某种程度上能将左右脑合为一体，使我们能够把右脑的感觉通过左脑化为语言。

然而，如果看护人忽略了我们的某些情绪，或者有意无意地为了这些情绪而处罚我们，那以后就会给我们带来麻烦，当日后类似的情绪再度出现时，我们就没办法进行处理，也不能将这些情绪用语言来表达和理解。

因此，如果我们与幼年时的看护人关系不太理想，或者说我们后来遇到了严重创伤，破坏了我们婴儿时期所建立的安全感，那么我们会在今后的生活中出现情绪上的障碍。幸运的是，即使我们不可能重新获得幸福的童年，也不可能避免已经经历的创伤，但我们还是有改变行为的可能。

心理医生用“内射作用”这一术语来描述一个人的人格特征或文化特征与自身心理活动的下意识结合。我们往往会内射自己所接受的养育模式，并延续看护人最初留在我们心里的东西，因此，诸如感觉、思维、反应与行为模式，都会在我们心里进一步深化和巩固。这个过程可能不错——因为我们的父母可能做得不错。然而，当我们发现自己感到沮丧或不满意时，我们应该试试改变原有的模式，让自己的心智更健全、更快乐。

我们怎样才能做到这一点呢？这里没有简单的处方，如果我们发现自己过于循规蹈矩，或深陷混乱之中时，我们就应该通过药物治疗，或者采取一套完全不同的行为方式，来中断这种模式。我们可能需要一个新的生活焦点，也可以从新的观点或全新的事物中获得启发（我故意说得很模糊，因为对某个人有用的想法或事物，对另一个人不一定会有用）。

然而，在每个成功的心理治疗过程中，我注意到了四个

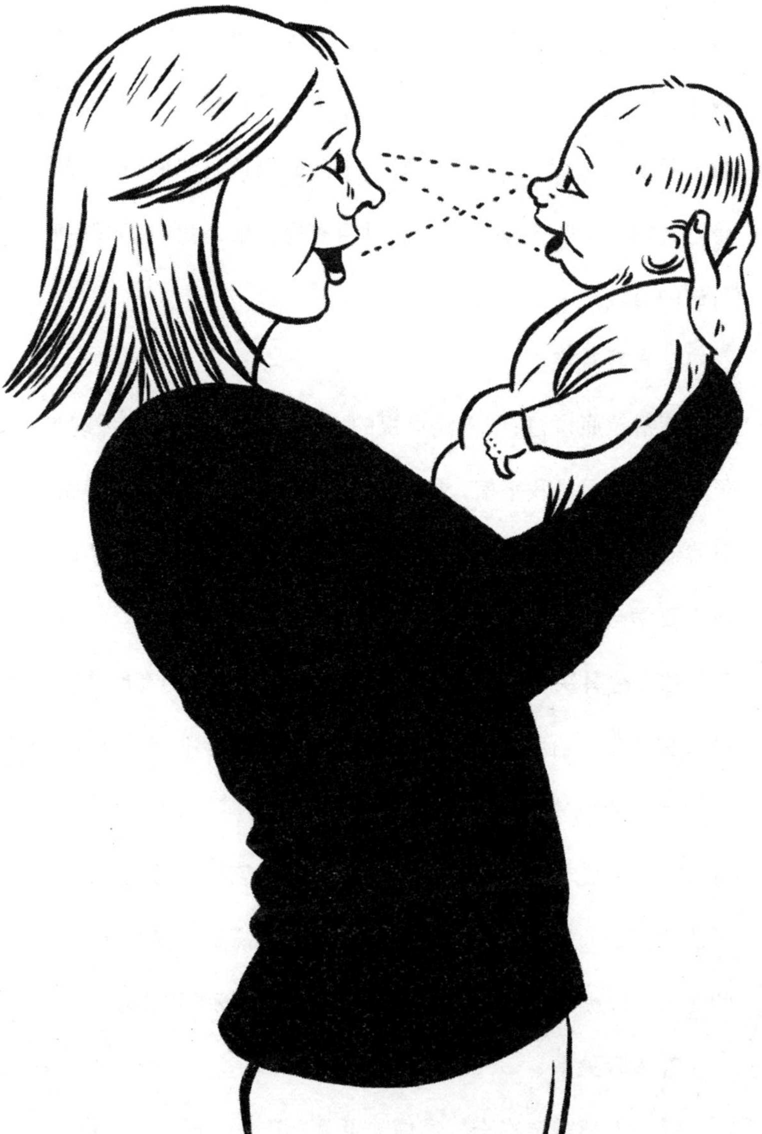

方面的变化："自我观察"、"人际关系"、"压力"和"个人叙述"[2]。这几个方面我们可以不依靠心理治疗师，而是通过自己的努力进行改善。它们有助于我们保持心智健康、情绪稳定，以及成长发展所需要的灵活变通，也是我们接下来要讨论的重点。

1. 自我观察

苏格拉底说过："未经审视的人生不值得过。"这种观点虽然极端，但是我坚信，持续不断地对部分的自我进行观察，对我们的智慧与理性来说至关重要。当我们练习自我观察时，我们要学会试着置身于自我之外，以便当我们的感觉、知觉和想法发生并决定我们的情绪和行为时，能对它们有所体验、确认和判断。自我观察能力的培养，使我们能不带主观评判地感受事物的本来面目，并为我们决定如何行动提供空间，这也是我们整合情感体验和逻辑判断时应该依靠的部分。为了使我们的心智达到最健全的境界，我们需要培养自我观察的能力，以提高自我意识，这是一种永无止境的工作。

2. 人际关系

每个人都需要安全、诚信、可靠和让自己成长的人际关系，这其中可能也包括恋爱关系。与有些人的想法相反，其实爱情并不一定是幸福的前提，但在我们的人际关系中，一部分的关系的确可以培育幸福。这种具有培育幸福的人际关系，可能存在于我们与治疗师、教师、爱人、朋友或者子女之间，他们倾听并读懂我们的心声，甚至还可能对我们提出温和的质疑。我们在与他人的关系中塑造自己，并且随着之后的人际关系有所成长和改变。

3. 压力

适当的压力会创造出积极的激励功能。激励我们学习新的事物，激发我们的创造性，但又不会强烈到使我们陷入恐慌。良性的压力会产生新的神经连接，这是我们个人发展和成长所必需的。

4. 什么故事？（个人叙述）

如果我们逐渐了解了自己赖以生存的故事，必要时我们就可以对其进行编辑和修改。因为大部分的自我在我们会说话之前就已经基本形成，所以很多指引我们人生的信念被隐藏在我们的意识之外。这些信念就像“我是这类人……”或“那不是我，我不会那样做……”那样。如果我们聚焦在这种故事上，并以全新的角度审视它们，我们或许会以全新的、更加灵活的方法来定义我们自己、他人以及我们周围的一切事物。

尽管我们每个人的生活内容和我们处理这些内容的方法各不相同，但是这些心理领域却是我们理性的基石。在接下来的篇幅中，我对这四个主要领域进行了更加详尽的探讨。

Self-Obeservation

第一章　自我观察

当我倡导自我观察时，有时人们会以为这只是自私自利的另一种形式。然而，自我观察并非自恋。相反，它是使我们变得少一些自私自利的工具，因为它教会我们不被执着的想法和感觉所控制。通过自我观察，我们的内心会更加清明，从而对周围他人的情绪态度更加宽容。这种新的感受性和理解力将会极大地改善我们的生活和人际关系。

自我观察法古已有之，只不过被冠以不同的名称罢了。佛陀、苏格拉底、乔治·葛吉夫和西格蒙德·弗洛伊德都提倡过这种训练。当我们成为有经验的自我观察者时，就不太会因为管不住内心被压抑的欲望而犯错，也不太会一再做出自我伤害的行为，相对的，我们可能会对自己、对他人产生更多的同情心。

观察和倾听自己的情绪和身体感觉的能力，是保持心智和情绪健康的根本。我们应该有能力运用自己的感觉，而不是反过来被它所用。如果我们等同于我们的情绪，而不是成为情绪的观察者，我们就会陷入混乱状态。相反，如果我们完全压制自己的所有情感，就会走向另一个极端，导致过于僵化。“我很生气”和“我感到很生气”这两种说法有很大差别。第一种说法是一种封闭的描述，第二种说法只是承认某种情绪的存在，而不是定义整个自我。同样，把我们自己从情绪中分离出来是很有用的，能够观察自己的想法也是很有必要的。这样我们就能意识到自己各种不同的情绪和想法，可以检查审视它们，而不是被它们所支配。这能让我们注意到哪些想法对我们有利，而哪些内心的唠叨却是有害的。

我们可以用母亲通过观察来了解孩子的例子来解释这一理论：通过自己的观察，母亲可以把婴儿的表情、内心状态与婴儿在各个时刻的不同需求对应起来。这样的观察、理解和接触，对我们每个人人格的形成，甚至对我们的生存来说都是至关重要的。自我观察的过程，与母亲通过观察并协调婴儿的方式很相似，这一过程也是对自我的重新养育，有助于塑造与重塑我们自己。

自我观察应当被看作是我们自身独特的一个组成部分，它是自我接受的，也是客观的。它只是确认我们自己是什么，而非应该是什么，并且不进行“正确”或“错误”的价值判断。它会意识到我们的情感和想法，并给我们空间去决定如何控制并利用它们。它能够在通过感官感知信息的同时倾听到情感与逻辑的声音。

开始自我观察时，请问自己以下问题：

我现在感觉到什么？

我现在在想什么？

我此刻在做什么？

我呼吸顺畅吗？

这些简单的问题都很重要，因为当你回答了这些问题后，我们就会更好地思考下一个问题：

在这新的一刻，我自己想要什么？[3]

在阅读这些问题时，你就有可能做出立即的改变。比如，当我们把注意力放在呼吸上时，我们会意识到自己如何压抑着呼吸，并且只要注意力还在呼吸上面，我们往往就会放慢呼吸。当我们开始觉察到真正的自我，而非试图使自己变成不是自己的那个人时，如果有必要，改变就发生了。

我把这些问题称为“基础练习”。如果我们每天不定时地做这些练习或者类似的练习，养成一种习惯，就会为自己创造出一个自我观察的空间。那么，如果有一天我们偏离轨道，便还有机会重新定位，及时调整。

昨天我自己在做基础练习时，我发现，当我问自己这些问题的时候，我感到很不满意，我发现自己幻想着要换掉所有的家具。我当时在做什么？当时我正在看一本室内装潢杂志，而且呼吸短促。回答完前四个问题后，我就能比较自在地回答最后一个问题。我想要什么？那时，我想要的是大呼一口气，放下杂志，将我的注意力转向别的事物，于是我便去游泳以转移我专注的焦点。

做这项基础练习有助于使我们注重于自己的内在感受。我们可以把人大约分成两类，一种人以外在参照来看待自身，另一种人以内在参照来看待自身。注重外在参照的人，更关注自己给他人的印象：我的长相如何？这东西看起来怎么样？注重内在参照的人更加关注对事物本身的感觉：我更喜欢这种还是那种感觉？注重外在参照的人希望改变自己而适应他人（这样他们才会被接受，给别人留下好印象或让人艳羡），但注重内在参照的人却更愿意为了自己而改变自己（这样他们才会对自己更满意）。

我并不是说以上两种参照中哪一种更好一些，我想强调的是，我们应该更多地意识到自己看待自我时的参照标准，以便了解自己在内在参照与外在参照这一天平上的位置。如果我们过分地偏向外在参照，就会失去自我，从而失去平衡。相反，如果我们过于偏向另一边，过分偏向内在参照，我们就应该更多地去融入社会，使自己成为其中的一分子。我们应该问问自己，我们处理情感的方式，更多的是基于自己想象中别人对自己的看法，还是基于能让自己觉得更舒适？

举个例子来说：两个人各自驾驶着两条一模一样的游艇出航，其中一个满脑子想着，“看看我在多棒的快艇上；我敢打赌每一个人都觉得我很酷并且很嫉妒我”，而另一位只是在享受掌握航行的技巧，感受迎面吹来的微风，关注辽阔的大海在内心深处所激发出来的情感。两个人做同样一件事情，但享受快乐的方式却极不相同。我们中的许多人二者兼而有之。但如果我们总是对生活感到不满，就应该了解我们是如何对自己作参照的，这样就会使我们尝试着去改变。

内在或外在参照是我们在做基础练习时要谨记的事情之一。基础练习的目的是让我们明白，自己在任何时刻是如何运作的。我们可以根据自己的情况进行自我调整。比如，我在做练习时，会检查自己的肩膀是否紧张，如果紧张就让自己尽量放松。

在进行自我观察时，我会花一点时间关注我称之为“后合理化”的状态，这种状态也可以称为“自我辩白”。这种情形是我们对自身内在和外在发生的各种情况进行心理“合理化”的过程，我们经常会想出一些随意的、事实上却很荒谬的理由，来合理化自己的行为。

神经心理学家罗杰·斯佩里曾经做过一个实验，这个实验对“人类是否真的是受理性和智慧支配的理性人”这个说法提出了质疑。在20世纪60年代，斯佩里与他的同事做了一些实验，实验对象是那些为了治疗严重癫痫而被切开了左右脑之间的结缔组织（胼胝体）的病人。也就是说，这些实验对象的左右脑不再相连，也不再相互作用。

当实验者在受试者右脑的视觉区闪现“步行”这一命令时（完全绕过了左脑），受试者站起来朝着要求的方向行走。但在问他们“为什么要走路”这个由左脑（负责语言、推理、分类和解释等活动）管辖的问题时，没有一个受试者回答出真正的原因，比如“因为你们的信号告诉我这样做”或“我不知道，只是一种莫名的冲动”，后面这个回答其实是事实（因为这个动作是由他们感性的右脑发出的），相反的，他们总是会说一些诸如“我想去喝水”“我想伸伸腿”之类的理由。换句话说，他们理性的左脑以某种方式给他们的行为找到了理由，虽然这与真实的原因毫无关系。

把这个结果和其他针对左脑和右脑分离进行的进一步实验结合起来看[4]，我们没有理由认为病人左半脑的表现会和我们的左半脑有什么不同，因为我们也一样用左半脑来替右半脑冲动产生的行动寻找解释。换句话说，即使我们的结缔组织没有被切开，我们做某事的“原因”也可能是“后合理化”的结果。

尽管我们的左脑已经发展到赋予了我们语言与逻辑、推理与数学的能力，但我们仍然受右脑控制，结果便是，如果我们没有情感，就不能做出任何决定。

神经病学家罗安东尼奥·达马西奥有一个病人叫伊里亚德，他做了脑瘤切除手术后失去了感觉的能力。虽然伊里亚德的智商依然很高，但哪怕是看着恐怖的人类灾难照片时，他也毫无感觉。我们可能会认为，既然伊里亚德的推理能力没有受损，那么他应该仍可自己决定去哪里吃午饭，或者做什么投资，但是事实上，他无法做出这样的决定。

伊里亚德可以想象自己的决定可能会产生何种结果，也可以冷静地权衡利弊，但他却无法做出决定。达马西奥在《笛卡尔的错误：情绪、推理和人脑》一书中详细描述了他对伊里亚德及这类病人的调查结果。本书得出的结论是：与我们的预期相反，情感缺失并不能带来合乎逻辑的、理性的选择，而只会让人处于混乱状态，这是因为在我们的人生道路上，我们是依靠感觉的指引而前行的。不管我们是否感知到了自己的情感，事实就是这样。

为了更好地了解我们的动机，我们应该将更多的时间用在自我观察所获得的感觉上。我们不可能深入了解自己的所有感觉，也不应该一味坚持直觉蹦出的理由——其中有部分可能只是右脑为了自我安慰或自我辩白而做出的反应。相对的，我们可以增强自己对不确定性的忍耐力，培养我们的好奇心，并且不断学习。如果我们不做进一步的研究和了解，就贸然对某事做出判断，这是很危险的。我并不主张对日常的每一个决定（如午饭吃什么）都犹豫不决，但时常反省一下我们的信念和观点却是有益的。正如心理分析学家彼得·洛玛斯所建议的："不要紧紧抱着你的信念不放。"确定性经常被误认为是心智与情绪健康的表现，但未必真的有好处。

我们生活在所谓的"理性时代"。然而斯佩里和达马西奥的研究却表明，我们的许多观点、感觉和行为都来自于右脑，然后由左脑给这些观点、感觉和行为找出理由。每一场战争，也许只是缘于早年在育婴室里的冲突重现，而相关的领导者却还在苦苦地寻找理由[5]。一个孤独持枪者的疯狂杀人行为，更多的是由于他缺乏对他人的同情心，而未必是为了某种特殊的意识形态[6]。意识形态只是他用来掩盖诸如痛苦或憎恨情绪的借口而已。有时我们强烈地反对某事，不是因为我们有理由这样反对，而是因为我们的感觉创造了这些理由让我们反对。理由可能是“错误的”，但我们的感觉却永远不会是错误的——感觉就是感觉，感觉没有对错。因此我们的行为便有了道德与不道德之分，但感觉本身就像油表上的指针指示油箱里汽油的多少一样准确。出于某种感觉我们很想毁灭某人，但只有因这种感觉而带来的行为才会有所谓的道德性。

一位心理治疗师曾告诉我，以前他在受训时，曾经确信所有愤怒的感觉都是由他眼前这个人所造成的，但当他对心理学，尤其是他自己的心理活动了解得更多之后，他改变了自己总是指责对方说“都是因为你，你，你”的做法，而是将指责方向转了一百八十度，对着自己轻声地说“都是因为我，我，我”。如我所言，自我观察与自我沉溺恰恰相反，它使得对自我负责任成为可能。

我们的后合理化能力——或我所说的左脑能力——意味着我们会想出一些理由，放任自己不进行自省。因此如果你跳过本书中自我观察部分的练习，你一定要更加关注那些主导你行为的感觉，而不是你用来合理化这些感觉的理由。你的行为被这些感觉所左右，因此不要在用左脑加以合理化后对它们置之不理，而是应花时间去研究它们。

words
layer I can feel, they
other and to me, I can be
having a bath and then
primary school. And yet
also keeping a list in my head of the
day and sort of sticking to it.
woke up this morning I was
dreaming after I woke up and
me a few seconds to
dream and

心理治疗师在治疗病人的过程中，帮助他们捕捉隐藏在合理化和固定行为模式之后的那些感觉。如果你有这种决心和财力，我建议让心理治疗师或心理分析师帮助你发掘更多的潜意识，并教你如何将潜意识与逻辑性结合在一起。然而，要找到合适的心理治疗师并非易事，而且这种治疗费用不菲。不过还好，其他的途径和练习，也能帮助我们提高自我观察的技术。

训练自我观察没有所谓的正确方法，因为没有一种方法可以适用于所有的人。我认为任何对你有效的方式就是对的。但不管采用怎样的方式实现这个目标，我都坚信，自我观察能力是保持心智和情绪健康的重要一环。和基本功练习一样，利用集中注意力的技巧，有规律地记日记，也是提高自我观察能力的有效途径。

在一项研究中，一半参与者写日记，另一半不写，其结果表明，每天将自己的情况记录下来，的确具有积极的作用。记日记的人比起不写日记的人，他们心情好的时刻更多，沮丧的时刻更少。

在同一研究中，当受到感情创伤或丧失亲人之后，写日记的人比较少出现幻觉、噩梦和意外的记忆困难等问题。写日记的过程是一个情感加工的过程，当危险、绝境和失控的情况出现时，记日记可以降低它们的负面作用。写日记的人比不写日记的人少上医院，要是住院的话，住院时间也比不写日记的人要少。研究表明，写日记有利于增强肝功能和稳定血压。所有的性格类型都会从写日记中受益。我尤其感兴趣的是，经过证实，写日记对免疫系统（包括淋巴细胞的增长[7]和某些抗体反应）会产生积极的作用。

研究还表明，如果有规律地记“感激”日记——在日记中记录下令自己感动的事情的人，对生活和人际关系会产生越来越多的满足感[8]。然而，这些好处并不是我建议写日记的主要原因，我推荐写日记是因为它可以作为培养自我观察能力的有用工具。

这里是开始写日记的几点注意事项：要诚实、简单，只为你自己而写；不要虎头蛇尾，要坚持；写什么由你决定；我个人喜欢随机地记忆，想到什么就写什么，也会记下写日记当时的想法和感觉；我也喜欢梦，梦对心理治疗师极富吸引力，因为梦放大了我们未加工成语言的经验和心理活动。

我建议你在日记中写下梦和对这些梦的反应。

如果你不知道写什么，那就随便写，看看会发生什么。事实上我们发现，早上醒来就信笔涂鸦把脑中所想的记录下来，对提高自我意识也非常有效。用纸笔来书写，把你脑海中出现的每件事都记在纸上。[9]

当你回头来看你写的日记时，可能会发现自己行为和情感上的一些习惯。比如，你能看出自己用了多少合理化或推理，表达了多少自己的情感，或者你所写的内容中，有多少是你的想象。

不管你觉得哪种方式最适合你，写日记的确可以对你的感觉进行加工，使你更好地了解自己。

学习与训练集中注意力，是培养自我观察的主要途径，集中注意力可以提高我们不带批判地观察和体验当下身心状况的能力。这一做法也可以叫做：祈祷、沉思、冥想和自我神经系统的塑造（参见第 2 章注释）。学会集中注意力也是训练正念的重要组成部分。这种个人注意力的集中，存在于很多不同的文化和宗教之中。不同的宗教会以完全不同的方式，来达到同样集中注意力的结果，例如基督教的祈祷和苏菲教派的旋转冥思等。不管我们信不信神，都可以练习。练习集中注意力可以增强我们的专注力，有助于减轻压力、焦虑、沮丧等心理，改进不能自拔的行为，而且还会对诸如高血压、心脏病和慢性疼痛之类的生理问题产生积极的影响。[10]

集中注意力练习有着更深层次的意义。研究表明，那些经常进行有规律的沉思或类似行为的人，他们的大脑显示出了永久性的有益的变化。新的神经通道和连接大大增加了，大脑中与集中注意力相关的前额叶皮层明显增厚，大脑中感知自身内在状态以及他人情感状态的脑岛部分也得到了发展。因此，加强集中注意力的训练可明显地增强大脑的功能，并使大脑得到发展。反过来，这一练习也使得我们能提高自我意识，更好地梳理自己，这也意味着我们更能体谅他人。自我观察能力的训练会使我们的大脑变得更加灵活，这样我们就能进一步意识到我们的心理过程，而非受控于它。这样可以培养我们情感的弹性，而不是压抑或否认我们的情感。你可以在本书最后的练习部分找到提高集中注意力和自我观察的练习。

在培养自我观察时，我们首先注意到的事情之一便是我所说的“有害的唠叨”。我们的头脑充满了唠叨，到处都是词汇、图像、重复的信息，对我们的行为和思想不停地评论。它们大多是无害的，但有些可能是很有害的，比如对自己和他人充满恨意的想法、非建设性的自我斥责，以及无意义的悲观等。这些想法可能会不断循环出现，对我们毫无益处，只会让我们变得沮丧消沉。自我观察能使我们客观地意识到内心的唠叨，并远离那些有害的唠叨。这样一来，产生有害因素的神经通道就会因用得少而逐渐萎缩，与此同时，提高自我意识和同理心能力的神经通道就会得到发展。

运用自我观察的方法，我们会像称职的父母对自己的孩子一样，给予自己密切的关注。正如我们之前所看到的，这种反应是孩子找到自己的方式，也是学习如何肯定自己、安慰自己及管理自己的方法。终其一生中，我们都有被认可和被理解的渴望与需要，虽然这种渴望与需要在与他人的交往中能取得最大的成效，但通过沉思训练这个方法，我们也可以自行实现这一目标。

培养自我观察能力的方法是无穷无尽的，我们可以选择心理治疗师、心理分析师或者其他医生进行一对一的治疗，也可以参加治疗小组或是瑜伽小组。我的自我意识进步最大的一次，是在参加伦敦马拉松训练期间出现的。通过边跑边沉思，我把诸如沉思这样的集中注意力的技巧训练作为另一种形式的体能训练项目，从而大大增强了我的注意力、自信心及自我意识，这是我在一年前开始训练时绝对不敢想象的。

总之，练习自我观察让我们对情感具有更深的洞察力，而情感对我们的行为起着重要作用。当我们对自己更加敏感，对自己的感觉了解更深时，我们就更容易与他人和谐相处，更容易对他人产生同理心。简而言之，自我观察可以改善我们的人际关系。而人际关系又是保持我们心智和情绪健康的第二块基石，在下一章里，我们将会探讨人际关系的作用与重要性。

Relating to Others

第二章　人际关系

一个大脑就像一个神经元，单靠它自己没有太大用处。我们的大脑需要其他的大脑——或者就像人们常常所说的，人与人是相互需要的。我们把自己看成单个的“我”，单独的自我概念在西方文化中占有很大的空间，但事实上，我们是群居的动物，就像在空中看起来像一个个体的欧椋鸟群，每只鸟的动作都会影响最靠近它的那只鸟，而它身边的鸟也会影响它。我们的大脑与其他的大脑密切相连，并在彼此的相连中一起成长。

我们知道我们在婴儿时期所形成的人际关系的优劣，决定了我们在心理健康评估中的初始位置。我们还知道，随着年龄的增长，他人将继续成为我们保持心智和情绪健康的最好来源。任何相互影响、相互包容的关系都能重新激活我们的神经塑造过程，[11] 并且确实能够在生命的任何阶段改变我们的大脑结构。

多年心理治疗师的实践，让我看到了无数次这样的变化，我的患者的自我得到了充分发展，他们更加放松，不再那么神经质。我相信除了各种出色的心理干预之外，患者与治疗师之间的人际关系所起的作用也同样重要。我从美国精神病医生欧文·亚隆那里学到一件事，那就是：作为一个心理治疗师，你需要评估你的患者对他与治疗师之间交流关系的感觉如何，并在每一节咨询时间中，询问他们哪些起作用，哪些不起作用。

作为一个年轻的心理治疗师，我常常感到吃惊的是，带来这些改变的强有力的催化剂并不是什么新的发现，而是某些时刻——比如说，患者看到我被他们感动的时候，或者当我拍他们的胳膊让他们感受到自己被人接受的时候，甚至是虽然我什么都没说，但他们却感受到了我对他们的理解的那一时候。

但这只不过是其中的一半，另一半是：我也被我的患者改变了——他们帮助我成长。在那种我们各自摘下社交面具、完全呈现真实的自己的关系中，我们继续发展了各自的大脑。同时从我们自己和他人的视角来看这个世界，可以使我们双方都得到拓展。如果我们太墨守自己的成规，就不大会受到他人的触动、感动或启发，我们也会因而失去活力。而且，如果我们想去影响别人，就需要让自己敞开胸怀，接受他人的影响。

对话

哲学家马丁·布伯曾经说过："所有真正的生活是'相遇'。"他认为，只有在与人相处中，我们才能向周围的世界和他人展示完整的自己。布伯曾写道，无论是有声的还是无声的"真诚对话"，只有当每个参与者真正把对方或其他人放在心上，把自己置于当下的特定存在，带着与他人建立生动的相互关系的目的而跟他人对话时，才会发生。

我要补充的是，为了跟另一个人建立有意义的关系，我们的心扉必须敞开。这就意味着不要试图做我们认为自己应该成为的那个人，而是做回我们真正的自己。有时候这会让我们觉得不安全。敞开心扉，就会呈现脆弱的一面，但这并不一定保证我们能与他人建立联系，但是如果我们不冒这个险，就等于阻断了自己与他人进行真诚对话的机会。

布伯还描述了与他人相处的另外两种方式。一种是"技巧性对话"，这种对话发生在需要获得某种客观信息时。比如：

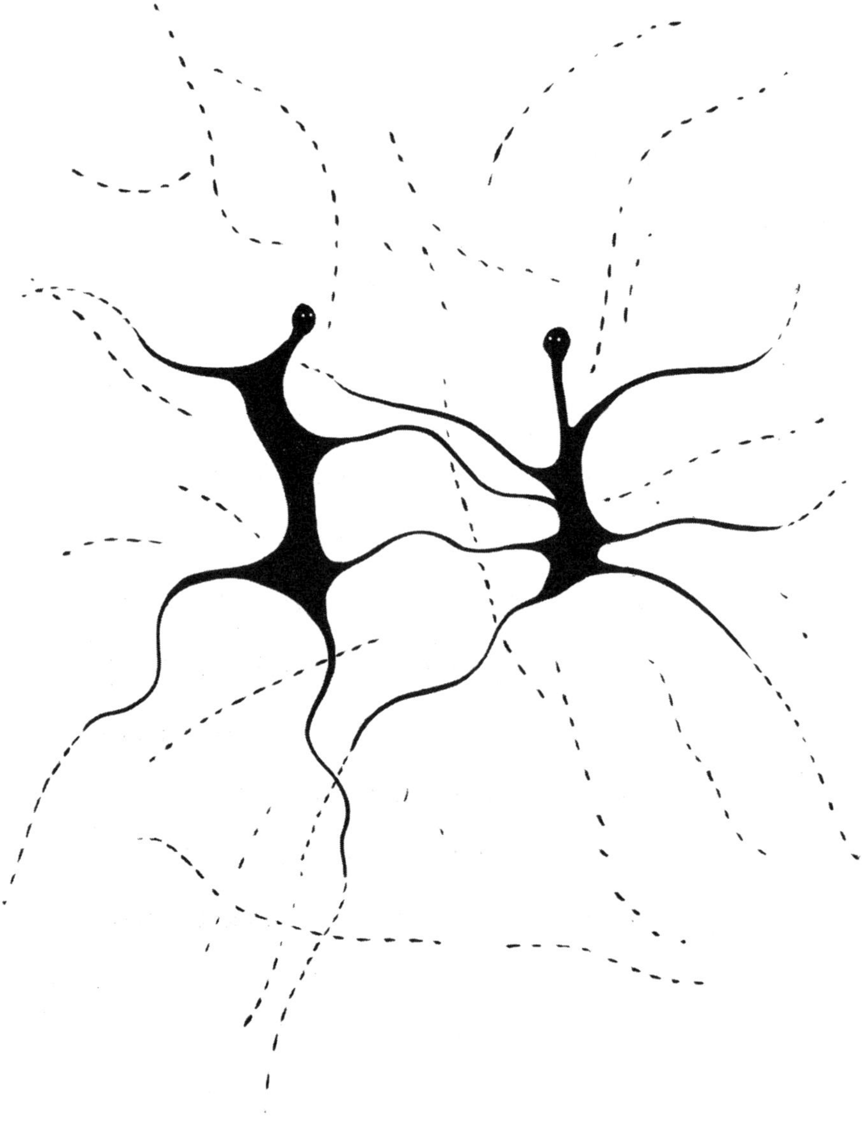

“我需要什么样的电池？”

“你需要3A型号的电池。”

第二种是“对话伪装下的独白”，在这类对话中，双方以为自己在进行互相交流，但事实上他们只是在自言自语。简·奥斯汀在《诺桑觉寺》中极好地捕捉了这一过程：

（艾伦夫人）从来没有一天是满意的，除非她把整天主要的时间都花在索普夫人身边，和她聊天。虽说是聊天，但她们几乎没有交换过什么意见，也没有什么共同话题。索普夫人主要在谈自己的孩子，而艾伦夫人都在说她的礼服。

心理化过程

心理分析学家皮特·冯纳吉创造了“心理化”这一词汇，意指我们对内在经验的理解能力，并据以精确地掌握他人的感觉的能力。这一过程为我们提供了建立和维持健康人际关系的能力。如果一切顺利的话，我们幼年时的看护人会自然地为我们实现这一心理化过程，我们会在不知不觉中，将这一能力从他们手中接过来。自我观察有助于这个过程，因为在我们逐渐发展自己的感觉，并且变得比过去更敏锐时，我们对他人的感觉也会变得更敏锐。这并不意味着要把我们的感觉强加于他们身上，而是应该在情感的层面上理解他们，懂得他们的感觉方式和思维方式很可能与我们不同。

如果我们觉得别人太难预测，所以自己无法与任何人好好相处，那极有可能是我们的心理化过程出了问题。因为在与他人相处的过程中，有许多事情是在无声和无意识的情况下发生的，所以要学会与他人相处，唯一的方法就是真正进入和别人相处的关系之中。如果我们早期的看护人没有为我们提供心理化过程的典范，我们就无法从他们那里学到。但是，大脑是具有可塑性的，所以在年事稍长之后，我们还是可以从心理治疗师或其他亲密的人际关系中学习到。当我们一旦懂得被深深了解后的真正感觉，就能够开始了解他人，并拥有令人满意的人际关系。

心理治疗刚兴起时，主要是医生倾听病人诉说，解释病人所说的话，再把医生对病人心理状态的见解提供给病人参考。但现在我们认为，人际关系本身才是心理治疗最具疗效的部分。无论这个医生采用的是弗洛伊德分析派还是罗杰斯辅导派[12]，是人际关系心理分析还是人生教练，甚或什么其他非主流学派的方法，好像都没什么关系，而至关重要的却是医生和病人之间关系的质量，以及在这一关系中心理医生对自己所能提供治疗的信念。

同样，与我们的情绪健康、生活幸福关系更紧密的不是天气情况，不是我们所从事的什么工作，也不是我们有什么样的爱好，而是我们与他人之间的关系。我们为了谋生每天辛苦奔波以求达成某些目标，并做出体面（或不体面）的表现，但对我们影响最大的，还是我们身边的那些人：我们的父母、孩子、爱人、同事、邻居和朋友。

正如心理治疗师路易斯·科佐利诺所说："从生到死，我们每一个人都需要其他人来发掘我们，表现出对我们的兴趣，发现我们是谁，帮助我们树立安全感。"一位心理创伤顾问说得更加明确："每个人一生中至少都应该到急诊室去一趟，因为这可以使你明白到底什么东西是你生命中最重要的。它不是忙、忙、忙，也不是钱、钱、钱，而是你深爱着的人，也许这一分钟他们可能还在那儿，可下一分钟他们就会离开你了。”[13]

维持与他人的联系，是保持心智和情绪健康的重要部分，也是至关重要的部分。

如何建立良好的人际关系

这是一本“指南”，然而此刻我却希望它并不是，因为当我们定下维系人际关系的规则后，就会陷入可能犯错的危险。这是因为如果我们试图操控一种人际关系，就会把对方当作“它”而不是平等的对象；我们会把对方当作可以操控的物，而不是与自己相遇的另一个主体。我们也不会遵循简单的原则：“有同理心”——因为同理心只是整个过程的一部分，不是一套僵化的行为。

我的朋友阿斯特丽德有一套用在人际关系上的原则。比如，当她想弄明白自己对某人的感觉时，她会说：“……而且，他一点也没问到任何关于我的问题。”——她好像想从中证明什么，但因为我们背景不同，我不确定她想告诉我什么。她对我解释，在她的文化背景中，如果遇见陌生人时，向他们提问题是一种礼貌的表现。如果对方没有反过来带着好奇心回应你的问候，就会让人怀疑他们是不是个只顾自己的自私鬼。

这种说法听起来似乎是对阿斯特丽德不喜欢某个人而作出的后合理化的借口，但我是这样想的：这种看待世界的方式，并没有考虑“消极礼貌”原则[14]，这是我所属的文化中的潜规则。总的来说，文化基本上有两种类型。在人口密集的国家如日本和英国，我们倾向于“消极礼貌”。这意味着人们明白他人对隐私的需要，以及他们不愿受到侵犯的愿望。在地域广阔的国家如美国，人们更倾向于“积极礼貌”，强调包容和开放。

人类学家凯特·福克斯说，在消极礼貌文化中，看起来的冷漠无情恰恰是对他人隐私的某种尊重。所以你看，对每一条想要放诸四海而皆准的指导如何建立人际关系的原则，都有另一条与之相矛盾的规则存在。你可能表现出对某人的关心，但如果你不了解他的家庭出身或文化，你仍然可能会出错。

我们的礼貌规则因家庭和文化不同而不同。礼貌是一种社会准则，用来规范我们对待他人的方式。如果我们严格地遵守礼貌原则，我们就会变得“超级圆滑”，但或许有人就会怀疑我们的诚意。如果我们表现得过于真诚，看起来就会显得过分热心，这种态度也许会被美国人接受，但英国人是无法接受的。由于人们的感受非常多样化，每种文化、每个家庭、每个个人，甚至每时每刻都各不相同，所以很难归纳出一套共通的准则。

我们要么很善于了解他人的感觉，能和他们和谐相处，要么就是做不到。学习怎样与别人相处的最好方法，就是在现实生活中花时间和他们在一起。如果我们做不到这一点，就会有受困的感觉。为了让某一群人快乐，最终可能会冒犯另一群人。去问人们到底做错了什么，结果不是让自己不开心（当我们知道答案时），就是只能知道，在他们眼里，我们犯了什么错——而且很有可能“错”的人根本不是我们。

严格遵守对待他人的准则过于刻板，而完全不注意自己对他人造成的影响，则会导致混乱。我们寻求的是一条中间道路，可以称之为“灵活性”，它让我们在与别人沟通和做出回应时有适当的调整空间。我们可以把实现这种灵活性作为我们的终极目标，但不要希望每次都能实现。如果我们发现自己很难建立起任何关系，就需要寻求人际关系专家、心理治疗师或其他心理健康工作人员的帮助。

通常，我们与会面对象建立关系的方式，是通过闲聊天气这种家常话题，或者进行如人际关系心理分析师埃里克·伯尔尼在20世纪60年代提出的"游戏"。举例来说吧，在发达国家，男人会玩一种攀比游戏，争论谁的车是最好的——"你的车是宝马X5 M？噢！朋友，你的车动力太不足了！应该学学我，看，X6 M。"相反，在同样文化中的女人会选择使用自嘲的方式——"你说你喜欢我这条裙子？但是它已经过时了，这是我十年前在一家慈善商店买来的！"这是一个"我比你更差"的游戏。

对我来说，类似的闲聊和"游戏"有时会比正式谈话感觉上更合适，尤其在我还没跟别人建立密切联系之前。我曾参加过一次咨询课程，教师鼓励学生放弃让人感觉舒适的习惯和游戏规则，直接表达深藏于心的真实感受。我发现要这么做真的很难，因为我觉得自己在脱掉外套之前就说类似

HOW TO
HAVE GOOD
RELATIONSHIPS

“我很嫉妒你”的“真实”谈话很不舒服。但有些人比较喜欢以这种方式开始闲聊。我记得曾经问我的同学：“有人要喝咖啡吗？”他们摇摇头，然后让我用另一种能反映我真实想法的方式来问。于是我不得不经过思考，然后告诉他们：“我想喝咖啡而且想让你们跟我一起去。”试过这个方法后，我发现我的确很喜欢这种将礼节性的问题变成陈述性表达的过程，而且以后只要我想到，我就尽可能这样去做。尽管这么做的风险很大（陈述自己的想法而不是征求别人的意见对我来说更容易受伤），但是我发现这样的邀请方式，使我更有机会与他人建立联系。

然而，对我的同学说“我想喝咖啡而且想让你们跟我一起去”，现在已经变成了一种习惯，就跟“有人要喝咖啡吗”没什么两样。就像寒暄天气一样已经成了一种礼节。如果要想让自己所说的每个字都有意义是非常累人的（至少我是如此），而且曾经有意义的说法，在经过多次重复以后，也会和谈论天气一样流于形式。真实与坦诚是与他人建立真正联系的途径，但建立联系的方式有很多，不仅仅是交流有意义的话语，而且我绝对不排除闲聊的作用。我们需要通过闲聊建立人际关系，为“正式”交谈铺平道路。就像猴子相互理毛[15]，狗相互嗅对方一样，我们需要闲聊。（我当然不会去做狗儿爱做的那些事情，我也不想帮你抓虱子，因此我只能继续了解你对我们这里的天气有什么看法……）

在《英国人的言行潜规则》一书中，人类学家凯特·福克斯探讨了谈论天气的规则，因为这是一本指南手册，我在这里与大家分享其中的一种。当我告诉你最近这里一直下雨时，我想知道的，不是到底下了多少毫米的雨，而是想知道你是不是一个平易近人的人。如果你同意我的意见，我很可能会对你产生好感。这就是互惠原则。

评论天气用问句不是因为我们关心天气，而是我们想得到回应。你可能不是特别关注天气，但并不意味着你也不关心与谈话者之间的关系。“天气真不错，你说呢？”这样例行用语中的用词都很空洞，但这并不重要。这类交流注重的不是我们说了什么，而是我们在说的时候彼此的认同度。

可惜的是，无论我们是否擅长遵循这些规则，在建立人际关系的过程中，我们还是会常常受挫，有时甚至会完全无法建立任何人际关系。有时候，我们常常不经意地采用一些巧妙的方式，限制自己与他人的接触，也因此剥夺了他人对我们造成的潜在的有益影响。有时我们会自以为已经与另一个人建立了关系，而事实上这种关系只是我们自己的想象，因为我们不知不觉中误读了这个人。误读的产生，可能会有几种不同的情况：

- 我们会以己度人。因此我们与他人的关系是“我—我”的关系，而不是“我—你”关系，“他会像我一样做出这样的反应”。
- 我们会把他人客体化，产生“我—它”的关系：“如果我这样说，她就会把我想成那样。”
- 我们会将眼前跟我们在一起的这个人，和我们以前认识的其他人混淆起来，把我们从以前其他人处获得的经验迁移到眼前这个人身上，从而产生一种“我—替代者”的关系：“如果我这样做，他会这样反应，因为其他的人都做出那样的反应。”

我们信赖他人，往往是根据过去的情形和经验中得出的方式。比如，我们对他人的可信度有自己的看法。一些人完全不相信任何人，这会使他们过着孤独甚至离群索居的生活，从而限制了他们心智和情绪全面健康的发展。相反，有些人过于信任他人，因此容易受到伤害。信任只是一个例子。我们或多或少都会通过过去经历的角度去看待他人，并且我们也需要这样做。比如，要求公交车司机给我们出示驾驶证是不合适的行为，我们必须相信司机知道自己在做什么。然而，关键是我们要意识到我们是如何判断别人的，学着不要先入为主，而是要敞开胸怀去了解我们眼前的这个人。

我发现我在孩子身上学到的东西最多，因为他们可以给我们提供新的视角、新的观点去看待这个世界。最近一个男生跟我聊天时说，他认为心智与情绪健康与一个人有多少学识无关，也和一个人有多“现实”无关。他认识一些很聪明、拥有一流学位或博士学位的人，这些人随时都能举一大堆理论根据。然而根据他的经验，他觉得其中一些人并不明智，因为这些人不会与他人相处。他还认识一些人，他们的信仰让他感到奇怪（如上帝或顺势疗法），不过，尽管他认为他们的信仰不现实，但这些人比起前一种人却更明智一些。这位男生认为，与无懈可击的逻辑性相比，明智与心胸开阔或情感真实的关系更密切。

每日温度解读

这里有一个练习可以帮助我们用更诚实的情感面对你的人际关系。这个方法由家庭治疗师弗吉尼亚·萨提亚所创建，可以改进你现有的人际关系。你应该说服你的家人、朋友或同事跟你一起做。这个练习称为“每日温度解读”，因为它测量的是此时此地你与某人的人际关系的温度。有一种看法认为，真正的爱情、伟大的友谊和良好的工作关系，都是自然而然产生的。通常也的确如此，但是这个练习有助于这一过程。它为你提供信任他人的方法——而信任是所有人际关系中最基本的要素。

首先，为自己留出半小时，不受打扰，关掉电话、电脑和电视。如果你们是两个人，就面对面坐好。如果是一群人，就让每个人坐在能看到彼此的位置。用一两分钟时间，想一想你对自己、对你的伙伴，或是对整个小组的感觉为何。就像会议议程一样，你要完成五个主题。尽可能不要转向其他话题。这些主题是：一，赞赏；二，新信息；三，问题；四，说出抱怨及改进方向；五，愿望、希望和梦想。

赞赏

轮流表达对对方的赞赏之情，要具体、明确。因此，不要只是说“我喜欢跟你在一起”，而要具体说明你喜欢的是什么；比如说：“我喜欢你中午打电话询问我的情况，这让我感到备受关心。”接受赞赏时不要辩解，不要回应，也不要立刻说“噢，你也是”这样的话，这会消除赞赏的正面影响。不要在赞赏时加上“但是”，也不要随口偷偷加入埋怨，比如说“如果你……的话，我会很感谢你”。这个单元纯粹是用来分享你们对彼此的感激，你们自己可以决定希望大家轮流表达感激几次。

新信息

这个单元是用来分享你们生活中的事件，坦诚地分享你们的情绪、感觉和想法，以及可能影响它们的因素，让彼此了解到对方近来发生的事情是非常重要的。这一单元的目的就是分享客观的信息——诸如“我明天要去看牙齿”，以及主观信息——诸如“昨天掉了一颗牙，我很伤心，感觉自己好像开始变老了。幸好后来我意识到自己还有时间，心里便充满了希望”。即使你还不是很确定你的感觉和想法，但关键是你说出了自己目前的情况，并尽可能贴近真实。这不仅是为了让他人了解你最新的动态，而且让他们随时了解你如何处理事情、你这么做的意义，或试图这么做的意义。如果时间允许并且大家不反对，你们可以互相告诉对方，自己听到这些信息时有什么体会，你可以直接说“谢谢你”，也可以点点头表示肯定。如果你对他们所说的事物有不同意见的话，不要用第二人称“你”来说。你可以说：“我注意到当……时你说你很伤心……”但是不要说：“当……时你总是很伤心。”你的话应该用第一人称“我”来叙述，不要用第二人称。

问题

你对你的同伴或小组的其他人做了什么样的假设？这是检查这些假设的时刻。比如，你可以说：“你昨天出门的时候用力甩上了门。是你生气了？还是风太大？”我与几对夫妻一起交谈时，发现他们之间存在的问题往往是他们从不检查自己的假设。检查我们的假设，并与我们的同伴一起检查，可以确保我们是与这个人，而不是我们所幻想的那个人进行交流，或者避免陷入我之前所说的“我—我”的关系。

这一单元是检查你的假设和提任何问题的机会。问题可以是很普通的，就像“我们明天什么时候出发”，也可以针对特定的状况，就像“这个星期，我感觉你很消沉和冷漠，发生什么事了吗”。或许你会得到答案，但提出问题并不意味着你一定就会得到答案。对彼此有耐心，并含有善意，这是很重要的。你的问题或许只是一个问题而已，但也可能为对方或其他人提供一些信息。你没有回答问题的义务。如果你愿意，你可以只是感谢他们的问题，并不一定要回答。

说出抱怨及改进方向

批评和担忧应该在它们有解决的建议时才一起提出来。不要攻击，不要指责，不要指名道姓，不要扮演受害者，不要引申和批评，只是描述引起你关注的事情，然后再解释它让你产生的感觉（不是想法）。然后，说出换作你你会以什么不同的方式去做。面对别人对你的抱怨时，你应该只是倾听，不要为自己辩解。你可能会选择改变自己的行为，但不一定非得改变不可。在与他人的交往中，产生问题的原因不是由于意见分歧本身，而在于我们对这些分歧的处理方式。

因为我们的背景和情况不同，当听到别人对自己有不满时，我们的反应往往是防御性的。如果对某人提出担心或不满做出防御反应反而令事情更糟，往往会损害建立有效人际关系的可能性。听到别人对你的意见时，一定要记住，这种不满虽然表面上是针对你的，但事实上反映的却是抱怨者本人的感受和信息。当我们能够一起来解决疑虑和抱怨时，我们的关系反而会因成功克服这类问题而更近了一步。当我们的爱人与我们分享某个烦恼时，我们应该培养倾听的习惯，怀着同理心及渴望去了解对方，这一点非常重要。举个例子来说："你下班一回来就开始讲你一整天发生的事情，我原本的思绪都被你打断了，我会忘记自己正在做的事情，我感觉要崩溃了。我想你最好在进门时先看看我在做什么，并且给我点时间让我把它做完，或者记住我做到哪里了，至少让我先做个记号。然后，我才会真正地倾听你这一天是怎么过的。"对方可能会这样说："我从来没有意识到，谢谢你告诉我。如果下次我再让你无法忍受，你就举起手让我停下来。"其他的抱怨可能听起来就比较复杂，像"家里每次出去倒垃圾的人都是我，我都烦死了，现在要换你来做"。这种抱怨是用一种被迫害的口吻表达的，如果改成这样说就会好很多："昨天晚上我倒垃圾时，发现好像家里只有我会记得倒垃圾。下一次可以麻烦你拿出去吗？"听到抱怨的人也许有同样的抱怨，因为他们觉得自己也总在做这样的家务。请记住：抱怨反映的是抱怨者本人的感受。最好的回答方式是："我听你说每次总是你倒垃圾，所以你希望能改一下。谢谢你告诉我。"做这一练习时，你最好不要争论。

下一次做每日温度解读时，在问题的单元里，你或许可以说："我好像觉得我们都认为自己做的家务更多一些。也许我们需要定一个制度，或者请一位钟点工。你觉得怎么样？"请记住，我们的目的不是为了争吵——良好的人际关系，不是要争出谁对谁错——重要的是要找出一个好的解决方法。

心理治疗师在帮助夫妻解决问题时，常见的干预方式是说："你们可以选择争出是非对错，或者选择继续在一起。"正如我之前所说的，如果你觉得自己被冤枉了，这时你要记住：指责反映的是另一个人的感觉，如果他们又被迫感觉自己是错的那一方，他的感觉肯定好不起来。

愿望、希望和梦想

有些人坚信，如果把他们真正想要的东西告诉别人，这个梦想就实现不了了。根据我的经验，事实大部分正好相反。我支持大家分享自己的愿望、希望和梦想，从而得到我们实现这些梦想所需的支持和鼓励。比赛之前，运动员会想象自己如何跨过每一个栏杆，最后怎么冲过终点线。也许他的想象不一定会使他获胜，但他给自己赢得了更多胜出的机会——你与他人分享你的希望也同样会让你获得更好的机会。和别人分享内心深处的希望会让我们感觉到自己的软弱，因此在这种情况下，一定要支持你的同伴，而不是去质疑他们。分享我们的脆弱会增进双方的亲密感，同时加深彼此之间的联系。

每日温度解读对夫妻、家人、工作团队和其他的人际关系都很重要。找个机会来做这一练习，夫妻之间可以每两天做一次，坚持一个月；一个团队可以每周做一次，坚持两个月。然后看看你的生活会发生什么变化。

想想这五种交流模式——赞赏、新信息、问题、说出抱怨及改进方向以及与人分享你的愿望、希望和梦想——在每日温度解读之外的日常交往中，你是如何运用这些模式的？你会不会较多地使用其中的某一种？如果是的话，你可以考

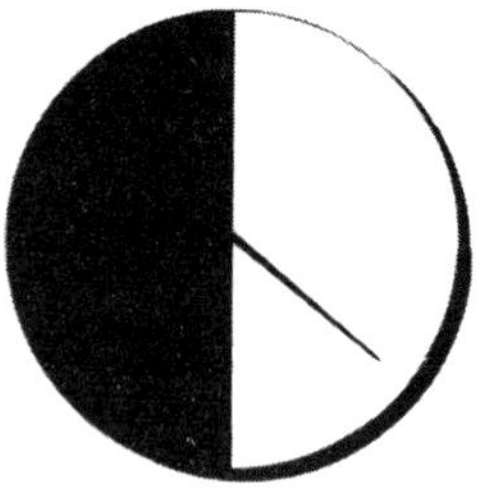

虑采用你不太熟悉的模式来扩大你的沟通范围。你也可以将这五种模式与马丁·布伯描述的几种交流类型"真实对话"、"技巧性谈话"和"对话掩盖下的独白"放在一起考虑。这样才能让我们与他人之间的交流变得更有意义。

交际困难：案例研究

如果我们能够觉察自己在人际关系中的行为方式，进而逐步地用不同的角度去感觉和行动，那么，人际关系中的孤独和绝望感就会减轻。下面的两个案例告诉我们应该怎么做。

莎拉的故事

莎拉的人际关系一团糟。她与恋人在一起时没有一点安全感，而且习惯性地在恋情刚刚萌芽时就去破坏它。她的做法就是感情用事，总是按照感觉行事，不会先观察自己的感觉，也不给自己选择该如何应对的机会。28岁那年，她渴望找到一位与自己共度余生的人。在使用了自我观察的方法后，她注意到自己的人际关系中有一种特定的模式，于是她把它记在了日记中：

1. 她喜欢选择帅气或有魅力的男人。

2. 一开始她就会和他上床。

3. 发生关系之后，她会觉得自己“爱”上了他。

4. 她会表现得非常需要他，不停地给他打电话。

5. 通常在几个月之后，这段感情就结束了。

6. 她的心都碎了。

这就是莎拉的缺陷、习惯和模式——你称之为什么都可以。

后来莎拉下定决心，为自己制订了几条准则。下个男人出现时，她会：（1）在彼此关系还没建立之前，她不会与他上床；（2）即使她觉得真的很需要他，也不会表现出来。

不久，莎拉在夜校遇到一位似乎有兴趣与她交往的男人，两人成了朋友。一开始莎拉没有预料到双方会有什么火花产生，可以他们喜欢聚在一起，每周有一到两次他们会出去一起喝喝酒什么的。这种情况持续了大约六个月时间。接着他们以朋友的身份一起去度假，回来之后就成了恋人。莎拉觉得自己对他的“需求指数”不断上升，她很想知道一天中的每时每刻他在做什么，他在哪里，他在想她吗？但这次，莎拉没有急于行动，她通过写日记阻止了这些念头。这种不让对方感到“窒息”的方法证明是很有效的准则，因为他们的关系开始不断升温，最后他们结婚了。直到现在，十几年过去了，他们仍然幸福地在一起。

因此，虽然我对规则持保守态度，但我不得不承认，在莎拉的案例中，规则确实使她的生活驶入了幸福的轨道。自我观察会使你发现自己的人际关系中存在着某些混乱的模式，你可以像莎拉那样制订某种规则进行防范——哪怕是作为临时性过渡——直到找到更持久的、更灵活的中间道路。

山姆的故事

山姆需要的不是规则，而是生活中更多的灵活性。他有一大堆的规则，比如：不谈论天气，甚至不问最普通的“你好吗？”之类的问题。山姆认为这类普通的“装饰性”问题毫无意义，他甚至会对提出这些问题的人嗤之以鼻。他的这些规则使得他变成一个很难相处的人，他过着孤独的生活，几乎与外界失去了联系。他认为自己高人一等，以此获得些许安慰，但是感觉良好不能替代友谊，不能替代朋友给生活带来的不同。后来山姆变得寂寞又沮丧，当他的情绪低落到无法忍受时，他去找了家庭医生，他的医生向他推荐了咨询师西蒙。

山姆每周一次去西蒙医生那里看病，经过一年的疗程（神经通道需要时间去改变），山姆才学会信任西蒙。直到这时候，山姆才意识到他为自己设立的这套规则有多特别，而且其中有不少规则已经不合时宜了。在西蒙的支持下，山姆尝试着去改变，让自己更多地去与其他人接触。到目前为止，山姆还没有找到恋人，也没有变成社交动物，但是，他多少还是让一些人进入了他的生活，他不再那么孤独，那么刻板，也不再那么沮丧了。

哲学家会问自己这样的问题："如果森林里的一棵树倒了没有人听到，那它是不是真的发出过声音？"我想这个问题其实真正要问的是："如果没有人见证我们的存在，那么我们是否真的存在？"也许我们必须这样问，因为如果我们没有可以相互关心、一起共度时光、互相影响的一个人或一群人在身边的话，我们的某一部分就会渐渐消失。没有周围那些好心人的关心或挑战，我们肯定会变得缺乏人性，也更容易精神错乱。离群索居是我们强加于其他人身上最冷酷、压力也最大的一种惩罚。如果你想保持心智和情绪健康，我们就不能把这种惩罚加在自己身上。

HI

Stress

第三章　压　力

Bicycle
Repair

学习

通过改善我们的自我观察，把改善人际关系放在重要位置，我们就有可能给自己一个保持心智和情绪健康的良机。我们的大脑从未停止过发育，而且我们可以影响它的发育。保持心智和情绪健康的第三个基石，与我们如何使我们的大脑保持健康有关——大脑健康才能促进我们的健康。

高度压力会导致恐慌，并引起“大脑离解”。大脑离解是指我们的思想、感官、感觉和行为之间无法联结的现象，就像大脑处于一片空白的感觉。因此，我们应该避免过高的压力。然而，要是一点压力都没有，也就意味着大脑得不到任何锻炼的机会。大脑就像肌肉一样，大家常说的“用进废退”同样也适用于大脑。适当的压力可使我们的大脑处于良好的状态，有助于我们保持精神健康。这个“有益的压力”可以促进神经生长激素的分泌，有益于支持我们学习。有益的压力不同于令大脑产生离解的压力，它会令人愉悦，会激发我们的积极性或引起我们的好奇心。更重要的是，它会促进神经的可塑性，这也正是令我感到兴奋的原因。

在心理治疗中，通常我与患者努力的目标是，要让患者达到能够容忍自己感觉的境界，我们把它称为“情感调节”。这是一种在面对强烈的情感时，能抑制焦虑与恐惧情绪，而使大脑功能得以继续的过程。到达这个点时，我们会感觉不太舒服，但这是必要的，不然大脑就不会再进行新的学习；但我们也不应让自己感觉太不舒服，因为这样有可能会让自己完全陷入大脑离解和惊恐的困境。

只有在合适的临界点，才能实现最好的效果。有些心理治疗师把这个地方称为“成长边界”、“良性压力区”或“拓展舒适区”。“良性压力区”是指我们的大脑能够适应、变化与成长的地区。把大脑想象成一块肌肉，并找机会可以让它收缩。大脑收缩得越多，它的功能就越好。

我们所处的环境越丰富或刺激越多，我们在学习新技术和拓展知识时，受到的鼓励就越大。这种学习还有一个额外好处，就是增强免疫系统能力。一些动物实验表明，具有智力刺激的环境，可以弥补铅中毒所造成的伤害。给两组老鼠喝同样受到铅污染的水，把其中一组放在具有智力刺激的环境中，另一组则放在不具有智力刺激的环境。负责这一实验的杰伊·史奈德教授发现，刺激学习型环境对老鼠的抗毒能力的保护作用，远远超过他的预料。但很遗憾，在缺乏刺激性环境中的另一组老鼠，情况就没这么好了。

我也有同感。当我到一个新的环境度假时，新的风景、味道、环境和文化的刺激，会使我感到精神振奋。这就是良性压力的例子。我喜欢想象自己感受到它对我的好处。而且老鼠的实验也表明，事情很有可能的确如此。

体力活动

我们需要增加良性压力以保持心智和情绪健康。这种良性压力不仅来源于我们对知识的追求，也可以来自于体力活动。大脑需要氧气，它得到的氧气越多，功能就越强。目前有两项研究很清楚地表明了这一点。

在第一个实验中，对两组习惯于久坐的老年人进行四个方面的测试：记忆力、执行力、注意力，以及他们完成从穿针引线到沿着直线步行等各种体力活动的速度。在接下来的四个月内，第一组的人每天散步 20 分钟，第二组的人则保持原状，然后他们再接受测试。第一组在记忆力及执行力等较高层级的心理历程上，有着显著的进步，其中包括学习、计划、组织，以及同时处理多项事务的能力。这个结果意味着，体育锻炼的确可以抵消一些常伴随老龄化而出现的脑部退化现象。

第二个实验的受试者是被诊断患有严重抑郁症的病人。第一组的受试者只是服药，第二组的受试者只做运动，第三组的受试者既服药也做运动。结果表明，运动和药物对抗抑郁同样有效，因为统计显示，三个小组在对抑郁症状的标准测量中都有明显而一致的改善。

当我们考虑开始新的活动时（不论是跳交际舞、沉思或者其他的活动），我们通常会三心二意。但是，如果你下定决心（而不是试试）去克服我们内心不愿改变的那一部分，大胆去尝试新的东西，我们就会让自己有机会体验这种新东西带给我们的改变。如果这样做我们还是没有感到更多的兴奋，没有与他人有更多的联系，没有感受到更多的活力，那时候再放弃也没什么损失。

开始建立新的习惯有时会让我们有保持以前旧习惯的冲

动，但你还是要开始新的方式，这可能会让你觉得很痛苦。我们通常会向自己发出一些信息：“这不是真正的我。”我们可以有这样的想法，但依然会下定决心，无论怎样都要坚持建立一种新的习惯。

对修女的研究

大卫·斯诺登在他的《优雅地老去》一书中描述了他对修女的长期研究。他进行此项研究的目的是为了揭示长寿和痴呆的发生率。他还对修女的大脑健康与智力和饮食等因素之间的关系感兴趣。以修女为研究对象，为研究教育对生活的长期影响提供了良机，因为这些修女们的运动、饮食、日常生活和经济状况等生活环境彼此都很相似，因此使得教育成为她们之间唯一可测量的差别。

在这项研究中，大卫·斯诺登注意到有些修女的智力衰退得非常快，甚至不能再独立生活，饮食不能自理，而其他同龄的甚至年龄更大的修女仍然能进行全日工作。他发现拥有大学学位的修女，比那些较早结束教育的修女明显更长寿，更独立，并且生活得更有效。她们继续学习或者对新东西产生并保持兴趣的时间越长，她们的大脑就显得越有活力。

斯诺登还与另一位研究者吉姆·莫蒂默研究“脑储备”。他们指出，一生中积极地参与社交和学习的大脑，比那些较少得到刺激的大脑所建立的神经联系要多。因此，对于前者，当大脑的一部分受到老年痴呆的伤害时，神经通道不一定完全受损，而是可能在因疾病造成的缠结和斑块周围找到新的通道。斯诺登和莫蒂默还发现，有些生前没有表现出任何老年痴呆症状的修女，在尸体解剖时发现了老年痴呆在其大脑组织中留下的严重伤害；而在生活中痴呆症状表现明显的修女，在尸体解剖时却发现并没有那么多大脑组织被破坏。虽然斯诺登和莫蒂默还没有得出任何确定的结论，来说明持续的好奇心和学习在构建脑储备中所起的作用，但相关的证据表明了两者之间的联系。

良性压力可以保持大脑的可塑性。具有可塑性的大脑更有适应性，能保持灵活性，与社会保持联系，能很好地处理生活中不可避免的变化。良性压力通过激发我们的好奇心、激起热情以及培养创造性来激励我们。

荷尔蒙多巴胺是“奖励强化”中关键的神经传递素。我们可以用健康的或不健康的方式来刺激它的分泌。我所提倡的多巴胺刺激形式是：学习新东西，以及由此产生的兴奋——可以是掌握新的乐器，学会做新的菜，把球投进篮筐里，或者是讲了一个很搞笑的笑话。使人上瘾的物质或行为也会刺激多巴胺的分泌，比如赌博。赌博是对多巴胺的滥用，这种方式会增加我们身体系统的负担，导致出现健康和情绪问题。愉悦对我们有利，但沉溺其中却是有害的。

比如，如果我们是大学里努力工作的研究者，我们可能认为自己已经学了足够多的东西，确实，我们进行研究的神经通道会得到良好的发展，但是学习如何跳探戈、如何烹饪泰琼锅羊肉，或者说一门新的语言，会为我们提供建立更多脑储备的良性压力。我们必须做全新的东西，必须保持注意力，进行情感的投入，并且要持续下去。如果能满足其中的两个或以上的条件，新的通道就会形成。当然，理想的状况是同时满足所有的四个条件。

有些单人游戏活动虽然不太具有挑战性，但也有不错的效果。这些游戏有时被称为“脑力训练”——如填字游戏、字谜游戏、扑克牌接龙或单人纸牌游戏，都属于这类活动。

这些游戏的实用价值似乎是有限的，比如，我们通过学习和练习做数独，做数独的能力会增强，但是做数独的能力在我们的日常生活中却没有什么用。事实上，对那些做数独或其他数字游戏上瘾的人，我想告诉他们的是，对这类“大脑”游戏要提高警惕。我发现，如果我在电脑上打桥牌或玩拼字游戏，或者做数独游戏一个小时后，就会觉得自己情感的一面就像被切断了一样。我认为，以麻木一个人情感的手段来说，数字游戏和填字游戏可以与A类禁药的作用差不多。我觉得我从中获得的多巴胺刺激更接近沉溺而不是学习。

如果你也沉迷于游戏，注意一下你在看书时感觉有什么不同。你或许觉得看书可能需要花费更多心力，尤其在你刚开始培养这一习惯时更是如此。读一本小说或一本哲学书，会用到左脑和右脑，你不仅会对所读的内容有所感受，而且你的大脑也会进行更多的活动，因为你要把你现在学到的东西和你本来就知道的事物联系起来。

我在谈论学习的好处时，有人向我吐露心声说，他们开始学习新事物时会退缩，主要是因为他们觉得，到现在还不懂得这些东西是很羞愧的事。苏珊·杰弗斯明智地说过：“尽管感到恐惧，我们还是要做点什么。”而我却要说：“尽管感到恐惧，我们还是要学点什么。”没有人喜欢那种软弱感[16]，但是如果我们不能忍受一些情绪上的软弱，我们就不能成长，如果不成长，我们就会退步——进而危及我们的心智和情绪健康。

前不久，我和一位生物学家谈论起保持学习习惯的好处。他问我是左撇子还是右撇子。我说我是右撇子。他告诉我，如果我是左撇子的话，中风后完全康复的可能性比右撇子要大，因为左撇子比右撇子的人有更多的神经连接。他还说，如果我开始用左手刷牙或左手使用电脑鼠标，我就会开始建立“大脑储备”。如果日后患中风的话，复原的几率也会比较高。

不管我们开始从事什么新的活动——从用左手刷牙到学习一门新的语言——都会建立起新的神经连接，这能产生更大的创造力和新的想法。新的想法就好像是森林里害羞的动物，为了诱使害羞的森林动物从暗处走向开阔地，你肯定不能吓到它。给它一点食物，这样它就会走向让你看得更清楚的空地。如果你对它好，它就不会再返回森林里。[17]

新想法几乎不会在无所事事的情况下出现，我们学习新的东西或者练习我们所学的东西时，会刺激大脑产生新的想法。我曾为艺术学院的师生们，举办过一个为期五天、探讨关于创造活动心理过程的团体活动。我们得出的一个普遍共识就是：坐等灵感的降临不会带来任何想法，只有在工作、尝试新的事物、阅读、学习和动手做事情时，才会带来灵感。

学习风格

学习的方法多种多样。我们中的一些人阅读文字时吸收得最好，而其他的人则更擅长于从图表、录像和演示等视觉形式中学习。听觉型学习者更喜欢从听讲中学习，通过听演讲、参加讨论和倾听他人所说的话，他们还可以从对方说话的语气和语调的细微差别中获取额外的信息。还有些人属于触觉型学习者，他们在运动、行动和接触中学习，他们喜欢通过亲自动手的方式，主动探索现实世界。

因此，如果我们总认为自己学得很慢，可能是因为我们还没有找到最适合自己的学习方式；而且，因为大脑具有可塑性，我们可以通过练习，来培养新的学习方式。我们学得越多，越容易把自己掌握的不同领域的知识联系起来，产生创造性的想法。如果我们对物理学知识和跳伞一点都不了解，我们就不知道二者的关系。因此，知道得越多，创造性就越强。[18]

我15岁离开学校，几年以后我才开始恢复对学习的兴趣并享受其中的乐趣。20岁出头时，我从事重复性的行政工作。我明白自己缺乏激情。无聊感驱使我上了继续教育学院的夜校。我报名心理学和英语A级班，并在课堂上交了些新朋友。我记得第一次去某位同学家时，被她的热情打动了。她说："我不再无聊了，因为我发现自己开始思考《第十二夜》中每个人物的不同动机了。"

这就是学习的作用。它为我们提供更多值得思考的东西，这样我们几乎没有时间感到无聊、沮丧或缺乏激情。它既可增强我们现有的知识，还可使我们的知识得到拓展。它使我们得以通过连接更多的神经通道建立起更多的联系，同时还把我们的大脑与他人的大脑联系起来。

第二年我学习了艺术和历史，这些科目成为我进一步阅读和探索的基础，在艺术和心理学方面，我后来进修了更深的课程并获得了学位。我上课获得的都是好处。有一年，我学了两门夜校课程，一门是电影欣赏，另一门是创造性写作。在第一个班，我了解到自己并不喜欢听别人谈论电影情节，而在第二个班我学得比较好，在这个班里，我遇到了我的丈夫。学习新的科目不仅可以在我们的大脑中建立新联系，而且还可以在我们的生活中建立新联系。

舒适区练习

在一张大的空白纸的中心画一个圈。在这个圈里写上那些你做起来感觉完全得心应手的活动。沿着这个圆圈，写上一些你能做但需要努力才能完成的活动——那些在某方面令你感到紧张，但还不至于让你放弃的活动。沿着这些活动再画一个更大的圈。在这个空白处写下那些你想做但你发现很难鼓足勇气去做的活动。在这些活动周围再画另一个圈，然后写下你由于太害怕以至于不敢尝试但又喜欢做的活动。你喜欢画多少个圆圈就画多少个圆圈。

思考一下，我们对什么感觉舒适，对什么感觉不舒服，然后再实验性地拓展我们的舒适区，这是一种很有用的方法。

我们应该记住，无论我们尝试什么，都只是为了自己，别人怎么想无关紧要。这种想法是为了一点一点地逐渐扩大我们的舒适区。如果我们跨越的步子太大，就会超越“良性压力”而陷入“不良压力”。当我把自己的最内圈往外扩大，并渐渐将其他区域纳入时，我对原先内圈区域里的所有挑战都更充满信心了。

我还发现，当我为自己定下一个办得到的挑战目标，并成功完成时，我的自尊和自信在各个区域中都大大提升了。我跨越的最大一步是：我从连100码都跑不下来，进步到跑完了伦敦马拉松。我确信，自己之所以能在遭遇第一轮退稿后，仍有信心继续投稿我的小说《沙发》，使它最终在2010年5月得以出版，源头就在这次跨越。我还体验到，如果不继续测试自己的极限，我的舒适区域就会退缩。第一年感到得心应手的挑战，第二年可能就需要鼓足勇气才能完成。我可不想再回到那种情况。因此，要继续向前，继续向外拓展。

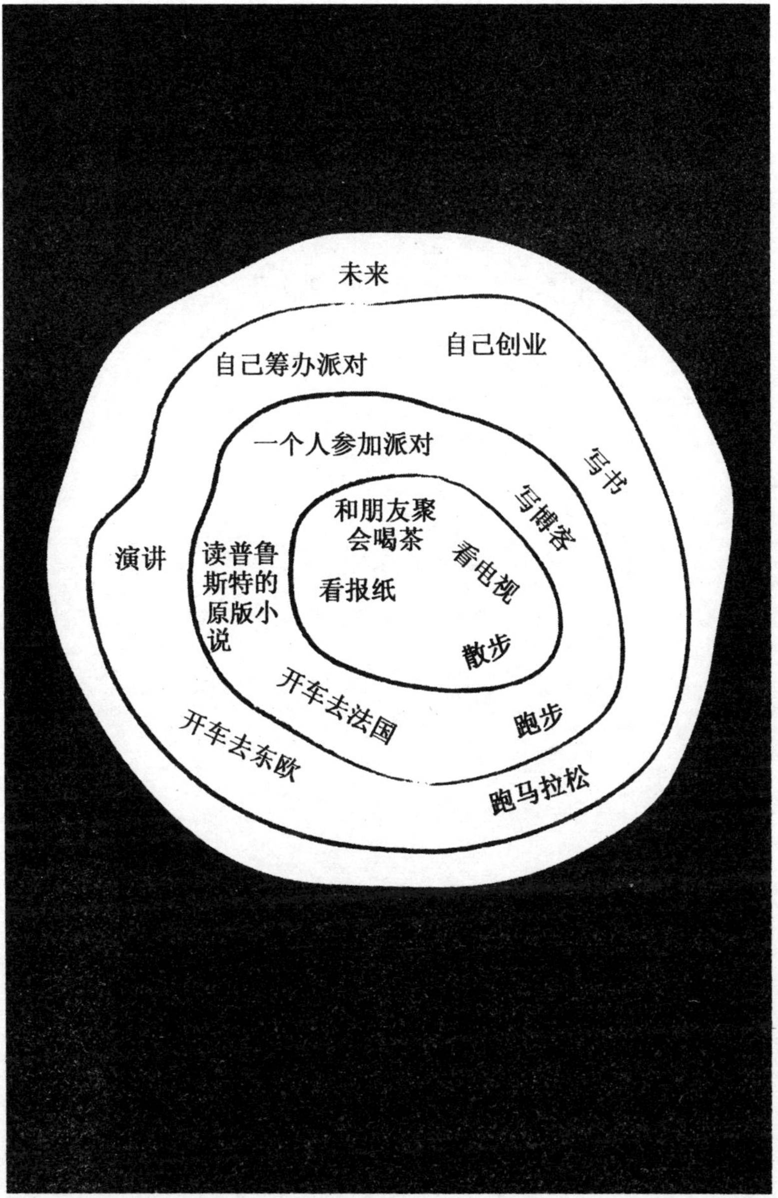
未来
自己创业
自己筹办派对
写书
一个人参加派对
写博客
和朋友聚
会喝茶
演讲
读普鲁
斯特的
原版小
说
看电视
看报纸
散步
开车去法国
跑步
开车去东欧
跑马拉松

What's the Story

第四章　什么故事？

这一章节以故事为主，因为每个成功的治疗，都有一部分是关于改写用来定义我们的“叙事”、赋予新的内容，以及想象出不同的结局。同样，了解我们的故事并在需要的时候进行改写，是保持我们心智及情绪健康的组成部分。

我们对世界惯有的情感、认知和生理反应——也就是我们处理频频发生的事情的特定模式——来自于我们自己的故事。我们在世界的存在方式，也是来自于我们所读过或听过的故事，这些故事包括电影、情景喜剧和新闻；它们可能是家庭传奇，可能是寓言和隐喻，也可能是宗教小册子和神话故事。我们编故事，读故事，听故事，我们的人生把这些故事紧密地交织在一起，并对它们做出反应。

我们的心灵是由叙事所形成，我们在故事和叙事的共同建构中成长。我们最初的看护人把我们的感觉、感受和行为变成语言，使我们的故事得以形成。我们通过这些故事，把我们的经验整合在一起赋予意义。孩子们和父母亲一起讲述自己的经验，这样，他们把自己的记忆进行整理组织，放入社会脉络中。这有助于把我们的感觉、行为以及其他事物，与自我联系起来。从西方世界的家庭到卡拉哈里沙漠的采猎者，这些共同构建的故事[19]都是人类所有群体的核心。

故事的共同建构可以产生积极的结果，也会产生消极的结果。负面影响就是父辈会以他们自身的恐惧、焦虑、偏见，以及生存的制约模式，过度地影响孩子。但是，它的正面影响就是通过共同讲述故事，传授了记忆的方法，还传授了积极的价值观、集体文化和个人特质。孩子不仅与自己的看护人共同构建有关自己生活的故事，而且还倾听了其他许多人的故事。我们可能会认为这主要是为了娱乐和与他人建立密切的人际关系，但是重复讲述故事也可以帮助孩子在心中形成一种结构，这种结构能够使他们有能力解决问题、建构意义、保持乐观向上，以及自我安抚。故事中邪恶的巫婆得到了报应，冲突获得了解决，而且我们学到了“从此过着幸福快乐的生活”的观念。

同样，故事除了对个性的形成很重要之外，在人类的进化和文化的创造方面也具有重大的意义。在文字发明之前，所有包含教育和智慧基础的故事、传说和传奇等，都是通过仪式和口耳相传的方式，代代相传下来的。正如我们知道新的学习会造就新的神经通道，新的故事也会增加我们现有的大脑储备。

某些跨越文化与时代的特定主题——比如死亡与复活——正好证明了故事对全体人类的重要性。人们用这类故事为下一代传承集体认同、智慧和经验，使他们有继续建构的基础，同时也给他们提供处世、自我安抚和面对死亡的方法。

故事会无意间影响我们以这样或那样的方式行事，但是故事也会让我们以客观的方式思考自我。当接受治疗的患者提出问题时，治疗师经常让他们想象这个问题是他们某位朋友的问题，而在这种情况下，他们会如何开导自己的朋友。这种讲故事方法的运用，可以帮助病人抽离自我，并且客观地观察自己。当现实生活无法逃避时，我们也可以利用故事，帮助自己逃避到想象的世界中。

孩子们经常会创造出想象的世界，在那里，他们能够获得成功、获得胜利。尽管现实生活中他们的选择机会有限，但他们在现实生活遭遇到无法忍受的经验时，可以通过想象和讲故事来安慰自己。不仅孩子可以做到这一点，维克多·弗兰克尔也在《活出生命的意义》一书中解释说，虽然他在奥斯维辛和其他集中营中经受着痛苦、残暴和被囚禁的日子，但是当时，他在内心的想象中为自己创造了一片自由的天空。他认为自己能够活下来，完全归功于这种充满挑战和希望的行为。

故事的伟大之处在于它的灵活性。我们可以把一个对我们没有帮助的故事变成对我们有用的。如果我们过去赖以为生的故事脚本对我们已经不再有用，未来就没必要继续把它当作脚本。比如，“认为自己不值得被爱或不值得有所归属”的想法，就只是个想法罢了。这种想法，也就是这个我们讲给自己听的故事，是可以重新编辑加工的。这种编辑对改变我们人生所产生的效果，可能比中了彩票还要好。

研究表明，中彩票的人通常要花三个月，才能回到中奖前的心态。所以，如果他们一贯是乐观快乐的人，之后他们就会依然返回到那样的状态；如果他们一贯自我厌憎，不愿与人来往，那么就算赢了大奖，几个月后他们也会回到之前的状态。钱再多也无法改变我们的情感生活。而我们与自己交流的方式和内容，以及我们编辑自己故事的方式，则可能会，而且的确会改变我们的情感生活。

在生命的任何一个阶段，为自己创造出一个前后一致的自我叙事，使得它有意义，而且让我们感觉真实可信，都会是一个相当大的挑战。我们的故事使我们日常生活中初始的、迥然不同的、瞬间的印象成形。故事把过去与未来带入了现在，为我们提供朝着目标努力的基础。故事给我们一种认同感，最重要的是，它们整合了我们右脑的感觉与左脑的语言。

索菲亚是一位来找我看病的五十岁女性。她给我讲述了自己生活中的故事，表明自己被淘汰了，没用了，因为“现在是年轻人的世界了”。她这么说让我替她担忧，因为凡事都抱着悲观看法的人更容易变得沮丧，更容易生病，而且比那些抱着积极思考的人寿命要短。我们一起分析了她的陈述，不是为了与她争论她所说的是对是错，而是在探讨这种表述对她的感觉的影响，以及这种陈述的深层意义对她是否有帮助。

索菲亚当时刚刚获得艺术学位，她发现寻找展示自己作品的地方很困难。我向她讲述了一个故事（更像是虚构的故事——我都不知道它是否真实）。这是一个电话系统销售员的故事，这个销售员对于被拒绝一事，有着相当不同的理解。

每次被潜在的客户拒绝时，他都会很高兴，因为这使他离下一次成功销售更近了一步。他算出自己的命中率是平均每打五十个电话，就有一个会成功，因此，当他数到四十个拒绝电话时，他就开始变得激动，因为他知道下一笔生意马上就可以成功了。这种信念让他变得更有自信。他的业绩很不错，并且赢得了公司年度最佳销售人员奖。

索菲亚听完这个故事后哈哈大笑，但她还是听进去了，并且使她有信心告诉别人，其实她真正想要的是被选为常驻艺术家。后来，当这个目标真的实现时，她告诉我："我根本没有找到五十个人，我只试了差不多十七个。脑海里的这个故事，让我在介绍自己的作品和我可以贡献的东西时充满了激情。"索菲亚换了不同的方式讲述自己的故事，这完全改变了现状，同时也改变了别人对她的印象。

我们应该充分利用我们的故事。人类之所以能够延绵不绝地生存下来，一部分原因就在于，我们会倾听我们的部落长者分享的故事，以及他们在传承经验与先人的智慧时所说的寓言。随着年龄的增长，我们的短时记忆会流失，但长期记忆却不会消失。也许，我们之所以能进化到今天的样子，是因为我们能够将那些塑造出人类的故事及经验，传给年轻的一代。而这些对后来的一代代人的繁荣兴旺，可能是重要的关键。

然而，我担心如果我们听到的故事，大部分与贪婪、战争和残暴有关，那将对我们的心灵产生怎样的影响。出于这一原因，我建议看电视的时间不要太长。研究表明，一天看电视超过四个小时的人，在接下来的一周卷入暴力事件的可能性，比一天看电视少于两个小时的人更大。[20]这个现象，不只可以从好莱坞制作的一系列“好人”通过暴力而不是对话获胜的电影看得出来，而且就连新闻报导，似乎也会刻意挑选出最能震撼情绪的事件来播报，也就是说，新闻偏好坏消息而不是好消息。因此，应该谨慎面对你所接收到的新闻。我并不是说了解时事不重要，但是重复地播放坏消息，会让我们不能用平衡的眼光看待周围的世界，也会让我们不能用平衡的眼光看待居住于其中的人们。与其不断发布噩耗，不如积极地寻找乐观的故事、激发我们的乐观精神来得重要。

下面，我会努力让你相信，乐观真的是个好观念。

- 研究表明，成年人早期的悲观情绪，是引发后来身心不健康的危险因素。[21]
- 乐观与生理和心理健康正相关。
- 乐观的人在手术后更容易康复，而且患癌症后的存活率也更高。（他们更能接受医生的建议，从而有助于康复。）
- 乐观使你的心情更好，可以减轻压力。
- 乐观与长寿有关，而悲观与寿命缩短有关。[22]
- 乐观主义者更能信赖他人，因而能拥有更令人满意的人际关系。
- 悲观主义者认为他们比乐观主义者更聪明，但事实并非如此。[23]

如果我参加社交聚会，挺胸抬头，带着乐观的态度，认为每个人都很高兴见到我或是很想见到我（我对他们也是一样），那么，即使整个房间里都是陌生人，我还是会引起每个人的注意。我会问一些有关他们的情况，他们也会问一些关于我的问题；也许我们会找到一些共同点，我会从他们身上学到一些东西，这对我来说是额外收获。不仅如此，更重要的是我给自己提供了与别人建立联系的机会。这机会也许只有几分钟，但也许可能是长久友谊的开始。在这种联系中，我觉得自己受益匪浅。

相反，如果我参加社交聚会，眼睛看着地板，既没有兴趣去认识其他人，也不认为别人会有兴趣想认识我，那么，我就不会引起任何人的注意，也不会享受这次聚会。我会想出各种脱身的方法。在这个聚会里，我的人虽然出席了，心却是缺席的。我只是带着偏见出现，将某种幻想或过去的经验强加于现在，并硬要与现在联系起来，完全不顾目前我的周围正在发生的一切。

聚会就是生活。坦率地说，有时候我是带着第二种心态而非第一种心态参加聚会的。尽管这样，有时候还是会有些好心人愿意努力亲近我，让我的心态转过来。我告诉自己的故事有一部分是这样的：如果我觉得很沮丧，其他人会让我的心情好起来。

这里，包括上面那段我的自白，我所展示出来的都是乐观主义。我不知道乐观的生成原因是因为发生了好事，还是反过来，因为人们想象、期望、努力并争取那些好事情，所以好事情才真的来临。但确定无疑的是，你感受到的意义，以及你听到的故事，都会影响你的乐观程度：因为我们就是这样进化的。

如果我们从来没有听过积极的故事，会怎么样？如果你从未听过“从此过着幸福快乐的生活”的故事，你的大脑又可能会受到什么影响？如果你不懂得如何从生活中发生的事情里汲取积极的意义，那么，能够领悟好消息的神经通道就不会被激发。

这里有一个故事。我有一个朋友，是个帮助孩子的社会福利工作者，她帮助一家三个兄弟姐妹，这几个孩子的年龄分别为六岁、八岁和十二岁。这些孩子出生以来，只知道自己原来那个不安全的家、护理院和寄养家庭。但他们最近的安置非常妥善，他们被寄养在布里安纳和西蒙夫妇家里。布里安纳夫妇对孩子们充满感情，并且给他们某种程度的安定感。他们会倾听孩子们的诉说，也很明白孩子们的感觉，并且能够为孩子们提供支持和关爱。

我的朋友与他们相处了一段时间并且写了报告，建议继续这样的收养安排。孩子们急切地想知道她来访的意图，因此，虽然正常的程序没有要求，她还是告诉了孩子们报告的内容。她说："你们不会被拆散。你们将继续留在布里安纳和西蒙家里。我们会为你们去找当地的学校，因为布里安纳和西蒙想收养你们，我们将马上做这件事情。"孩子们沉默不语，像是受了惊吓，我的朋友问道："你们听懂我刚才说什么了吗？"每个孩子都说："我们会被拆散，我们不能留在布里安纳和西蒙家里，我们没学可上，没人收养我们。"我的朋友把刚才说过的话又重复了一遍，但孩子们还是没有听进去。她又重复了一遍，然后最小的孩子突然哭了起来。"你为什么哭啊，罗比？"她问道。罗比回答说："我想是因为我太高兴了。"最后他们都听懂了，但是他们还是很难接受这么好的结果。

问题在于，如果我们没有一个习惯听好消息的大脑，我们就不会有处理这类消息的神经通道。即使我们处在这种好消息的情况下，也很可能意识不到它，因为这不是因为我们听到了好消息而不敢置信，而是我们根本无法把好消息听成好消息。

你接受好消息有多容易呢？如果确实有好事情发生在你身上，你有没有可能感到害怕？你会固执地安慰自己说，这种好事情不会持续下去。如果是这样，而且你又准备开始让自己以更加乐观的方式想问题，你很可能会觉得脑子里有很多声音在叫你停止。注意这些大脑里的声音，做好心理准备，不要让它阻止你。我们应该把自己导向倾听好消息的方向。无论情况有多悲惨，都应该培养在任何情境下寻找积极因素的习惯。起初你多少会觉得有点不自然，通常情况下，新的行为会让人觉得很虚假，因为我们对它们不熟悉，但是认定好事永远不会发生，对未来保着乐观期待并不见得会比较假。

激发乐观主义不是很简单的事情。我们要做的远比“认定乐观似乎是个好主意”还多。乐观不但需要我们身体力行，并且还需要我们身边好心人的帮助。你需要坚持做集中注意力的练习，这样才能强化引导心智的神经通道。可能你已发现，培养乐观主义的实践是一种冒险。从某种角度来看，似乎积极的态度也会带来灾难，因此培养乐观主义的过程中，你就会觉得自己比较脆弱。要解决这个问题，窍门在于增加你对软弱感的容忍度，而不是彻底逃避它。

即使我们采取较乐观的态度，灾难依然会发生——但是预测灾难并不会使它们变得更容易忍受，也不会阻止灾难的发生。

曾经一度，每当我们周末外出度假归来时，在回家路上的最后三十分钟，我的情绪总是非常低落。我总是想象我们家会被小偷入室盗窃。我想象着自己向警方报案，把破掉的玻璃窗用木板钉起来，给保险公司打电话……然而，当我打开前门，我会感到特别高兴和放松，因为这一切并没有发生。

当我进行自我观察时，我注意到了自己当时的幻想以及自己编给自己听的这些故事。于是我决定，当这些特别的想法再次侵袭我的时候，我就将注意力转向其他的事情，并尽可能改掉这种习惯。当我能够控制这种悲观的想法时，我才意识到自己不仅在回家路上的最后三十分钟变得很快乐，而且整个周末我都变得很愉快。直到改变这个故事后我才意识到，我过去的幻想就像笼罩着整个周末的乌云，有时候，只有当我们掀开了自己头顶上的那片乌云后，才会意识到自己原来一直生活在这片乌云之下。

乐观并非意味着快乐不断，眼睛闪亮，面带笑容。我们谈论对乐观的向往，并不意味着逃避现实。但是养成乐观的习惯，的确需要我们关注事情的积极结果，而非消极结果。这并不是要你否认感情结束时的那种伤感，而是要你意识到，自己未来可能会拥有一段更成功的感情。我所提倡的乐观，不是那种盲目的乐观——比如说让你把所有的积蓄都赌在胜率只有一百比一的赛马上——我的意思是，我们要乐观地播种希望的种子，并相信总有一天有些种子会发芽，开花。

千斤顶的故事

美国的沙漠是个寂寞的地方，方圆几英里之内都看不到一辆车，也看不到一栋房子。在这样空旷的地方，一个司机听到自己的车子爆胎的声音。刚开始他并没有特别担心，只是感到有些烦，因为他的行李箱里有备用轮胎和千斤顶。后来他想起来了，上个星期他把千斤顶拿出来之后忘了放回去，他并没有千斤顶！真是糟糕！他只能走三英里的路，到之前他开车经过的一家汽车修理厂请求帮忙。

他一边往回走，一边自言自语："附近再没有其他修理厂，我只有听凭汽车修理工宰割了。他只要借我用一下千斤顶就可以敲我一笔，他想要多少就可以要多少。他可以要50美元。我一点办法也没有。太可恶了！他甚至可以开价150美元。人们尤其会那样占别人便宜。讨厌！这些人真是混蛋！"他一路上心不在焉地编织着这样的故事，直到走进汽车修理厂。服务人员从里面出来，友好地问："需要帮忙吗？"这位旅行者说："拿出你该死的千斤顶！而且你可以趁机敲诈我一笔！"[24]

我们可能常常会在不自觉的情况下告诉自己这些故事，甚至没能意识到这些故事给我们造成的影响。我们常常把幻想当成现实一般来行事，而当我们想象某事的时候，这件事情就可能会发生，因为——不管我们是否意识到这只是自己的幻想，这个幻想就是我们预料会发生的结果。

我们都听说过，有些人确实想要有终身伴侣，但他们却告诉自己，无法信任那些可能的对象。他们甚至对那些有可能的人选表现出完全无法信任的样子，并且不断地测试对方：如果我总是这么令人讨厌，对方还会跟我在一起吗？他们并非真的想这样做。但他们之所以这样做，主要是来自于他们告诉自己的故事——那些关于别人的故事。自我实现的预言恰恰是：预言会成真。

我们给自己讲述的故事，大多要追溯到我们的家庭出身。我们固定在一定的故事模式中，就像那位没有千斤顶的人认为他的同胞总会占别人的便宜那样。因此我们需要自我意识。我们对自己讲述的故事是如何看待别人的？我们的故事给了我们怎样的动力？这些故事如何决定我们赋予事物的意义？我们又是如何定义这些故事的？

我们都喜欢以为自己有开放的心胸，只要有新的证据，我们就会很快改变自己的想法。但事实却是，我们中的大多数人似乎都过快地下了结论。然后，我们不是以开放的心胸，而是用过滤加工的心理去处理进一步的证据。而且，我们只承认支持我们最初印象的证据。我们很容易就会掉入这样的陷阱，认为确认自己是对的更重要，而不是对各种可能性持开放的态度。

如果我们能够从自己的想法中抽离出来，学会观察它们，能够鸟瞰我们的思想，我们就会发现自己的想法往往是过时的想法，与现在的生活是不同的。比如，我们可能是个像马丁一样的人。

马丁总是需要一个敌人。在他讲述的每个故事中，总是有他和某种类型的“坏人”。如果只听了他的一个故事，你会想：“还好有马丁在对抗这样一些恶势力，不管对方是腐败的市长、政治团体、不付钱的顾客还是其他什么坏蛋。”但是，接着你会发现，每个故事中与坏蛋做斗争的都是马丁。

马丁的故事情节很复杂，而且有大量支持他的证据。因为马丁预先确定了自己的观点和立场，所以这些证据经过他的过滤，只留下了支持他观点的证据。这样，他就再也看不见其他的东西了。与“坏蛋”相对的就是“好人”：如果你进入了马丁的好人榜，你就不可能做错事，他对你的评价将永远是正面的。你刚认识他的时候，或许不会注意到有什么不妥，但逐渐地，你就会发现同样的模式总是重复出现。就好像马丁的脑子里早就写好了最初的观念，而且他周围的人只不过是去填满那些既存的角色罢了。他会一遍又一遍地重复播放自己童年时期的观念。其实我们每个人也会做同样的事情。

所以，了解自己的过去对我们非常重要。沉思、心理治疗或者像制作家族谱系图这样的练习（后面我会详细描述）有助于我们了解过去。我们的观念会被我们讲述的故事、听到的传说以及对背景的幻想所遮蔽。所有这一切构成了我们所赋予生活的意义，这些意义决定了我们的行为模式。

如马丁的这种观念，通常来自于他的童年时期的经验。或许他的父母（或其中之一）也有着同样的观念，因此他们通过同样的过滤器看待这个世界。也或许马丁经历过不公正的待遇，比如，当他说实话时，没有人相信他，或者虽然无辜却受到了惩罚。这些不公正的经历积压在他的潜意识中："我是对的，他们是错的。"确实，"他们"是错的，所以马丁需要不断去找到"他们"，并且证明他们是错的。他需要不断觉得自己是对的，而且也要让别人知道他是对的。因此他寻找敌人和做坏事的人，来调节自己的情绪，让自己感觉好过一点。他需要一个"有错的"敌人，来衬托自己是"对的"。如果他坚持保留这种观念，毫无疑问，他就不会有进步，也不会进行学习。他过去的故事会阻止他在现实生活中与他人真正地交往，因而伤害自己所有的人际关系。

许多观念是一代代传下来的，或者是童年时期对当时环境所做的调适（目前当事人已经身处当时的环境中了）。我们对钱的态度就是其中一个例子：我们可能会牺牲自己的人际关系，积极赚钱；或者认为我们所拥有的钱多于或者少于实际数字。钱通常是我们在人际关系中有多少程度的安全感的象征。比如：如果我们无法承受失去爱情的恐惧，往往会在现实生活中花钱吝啬，说是为了以备将来不时之需，来取代那种恐惧。

除此之外，还有我们对所处地方的态度。如果我们总是搬家，往往不是对这座城市就是对那栋房子不满意，对这个国家或那个大陆不满意，并且为又一次搬家想出充分的理由，那么根本的解决之道应该是我们的内心，而不是某个地方的地理和居民。

我可以举出很多例子来阐述我们根深蒂固的思维模式、反应和行事方式，说明我们是如何寻找理由不让自己发现更多内心的感觉的。我们需要检查我们重复讲述的关于别人的故事——检查的重点在于这些故事的形成过程，而不仅仅是故事的表面内容。然后，我们可以试着改变，换个过滤器来看待这个世界，开始重新编辑故事，在我们受阻的地方重新获得灵活性。

在我自己的个人治疗中，我发现了许多这类的故事，并且能对其中的一些故事究其根源。当我探讨自己在团体中的行为模式时，我用的是制作家族谱系图的练习。家族谱系图是一个详细的家谱，它不仅能够追溯血缘，还可以追溯行为、关系、性格特征和态度。在本书后面的练习部分我解释了如何制作家族谱系图。通过我的家族谱系图，我发现我的父母都来自大家庭，而且有一些是我之前没有注意到的，但是一旦在纸上列出来，就变得格外明显，那就是：我的父母都对他们的某个兄弟姐妹特别合不来；我的父母都很崇拜他们的某个双亲。

然后，我观察了自己在团体中的行为模式。在心理治疗过程中，你通常会属于许多小组，包括你主要的训练小组，外加不同训练模块的不同小组。我发现我总是把小组的某个人理想化，但对某个人又特别讨厌或把他妖魔化。出乎意料的是，我的这种模式在每个小组中都会出现，直到在制作家族谱系图时，我才突然明白过来：我在团体中时会有一种行为模式，这种模式可能是我过去生活的痕迹，而不是对目前特定情形产生的反应。

一旦发现了这一点，我就有了更多行为方式的选择。我决定不让那种行为继续自动产生。我下定决心观察自己这种赞赏某人、妖魔化某人行为的冲动。如果我发现自己正在妖魔化某人，我就训练自己关注他们身上的优点。这样，我把消极的过滤器变为积极的过滤器。有时为了发现自己真正的行为轨迹，我们需要反着来，还需要一些矫枉过正。

我遇到的下一个团体是新工作的面试小组。我申请的第一份工作，是在吸毒和酗酒成瘾中心担任治疗师，在这里我必须负责一个治疗小组。面试官问我，我的团体风格是什么？我告诉他们自己以前在团体中的那些行为方式，我想这么一说可能会使我失去这份工作，没想到，我竟然被录取了。

我告诉他们自己很意外，因为我说出了自己会在团体中偏好某人并妖魔化某人的行为。主管告诉我，正是因为我意识到了这种冲动，所以她对我很有信心，相信我不会再那么做。这也是他们认为我会是个安全的领导者的原因。在他们对我表现出这种信任后[25]，尽管我有时仍能感受到原有的冲动，但我再也没有依其行事。我能做到这一点，是因为我已经学会了停下来观察自己的直觉，而不是不假思索地照着去做。借助这个方法，我改变了自己在团体中如何行为的故事。

正如我之前所说的，有时一种新的行为方式会让人感到很虚假、不真实，但实际上只是因为我们对它不熟悉。在我的经验中，我"感觉"对的不一定真的对，也不一定对我们有利，我们只是因为对它熟悉而已。反之，感觉"错误的"也并非真正如此，可能只是因为它是新的，我们还不熟悉。

有时我仍然有一种难以抑制的冲动，想把小组成员妖魔化或理想化。如果我屈服于这种冲动，会使我感到暂时的满足。我必须通过意志力和练习，才能觉察到这股冲动；而忽略这股冲动会感觉更舒服。但是，渐渐地，抗拒这些冲动也已成为我的习惯，我可以把自己从过去的观念中解放出来，我可以让童年时期铺好的人际关系神经通道继续成长，而且我能在尚未开拓的领域创建新的神经通道，让这些新通道为我自己、我周围的人甚至整个世界服务。尽管我们时常有重拾旧习惯的危险，尤其在遭遇压力的时候，但是新的行为也可能会成为一种自动反应，会慢慢变得不那么"虚假"。

我们每个人都来自一个母亲和一个父亲，而且我们每个人都由我们的父母，或是代替父母职责的人抚养长大。我们许多人都有兄弟姐妹、叔伯姑姨和堂兄弟姐妹。就像他们的祖先对他们一样，这些亲戚也对今天的我们产生影响。那些祖先也有过成功和失败，他们从这些经验中学到知识、养成习惯，他们把这一切都传了下来。红发或肤色，都是很容易看得出来的遗传特征，遗传而来的审美观，也不难看得出来。利用家族谱系图，我们还能看出我们如何建立并保持（或不保持）人际关系、我们在团队中如何行事、我们如何做出决定、如何运用我们的思想和情感，以及如何在这个世界上找到自己的位置。在家族谱系图中，这些遗传特征就像头发的颜色和审美趣味一样明显。这个练习的关键是能让你自己做出更适当的选择，如此一来，那就是“你”在做那些会影响你的决定，而不是你的曾祖父母。你可能会觉得，你的祖先到现在还会影响你，这一点实在太荒谬了，但是我们的自我——无论是以多或少的方式传承下来——有一部分的确是来自前几个世代。你在本书的最后部分会找到关于家族谱系图的具体说明。

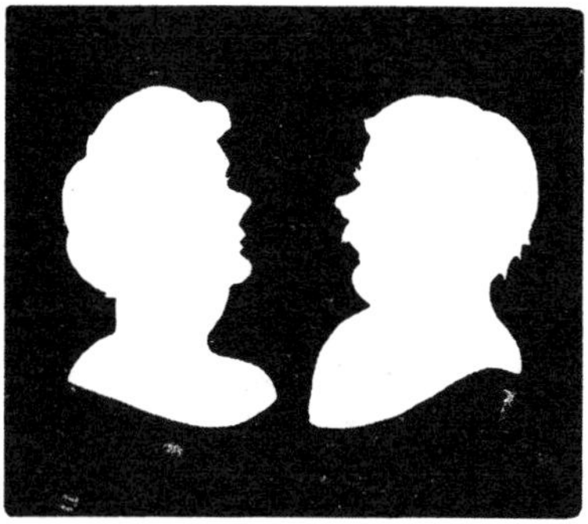

彼得

祖父

我

几千年以来，故事、歌曲和仪规，都是由我们部落的长者传给年轻人的，其中一些故事及其意义已经遗失。我不知道是不是还有些什么东西也随之消失了。身处二十四小时全年无休的新闻时代，我们往往只会专注于当下的故事，以及接连不断的和世界各地层出不穷的负面新闻。我们的前辈还想给我们讲述他们的故事吗？如果他们想说，我们还会知道如何倾听吗？如果我们不能的话，我们听到的又是什么呢？

接下来，我将用几个故事作为这个单元的结尾，这些故事首先描写了变化如何通过对话出现的；其次，阐述了智慧是如何从一代传递到下一代的。

《纽伦堡的名歌手》：名歌手

《纽伦堡的名歌手》是瓦格纳创作的一部歌剧。讲述了一个关于歌唱大赛的故事。大赛由“名歌手”举办，“名歌手”是一个类似公会的机构，参赛者根据一套严格、陈腐又顽固的规则进行比赛。这套规则为整个比赛提供了组织和纪律，却扼杀了创造力和快乐。歌手华尔特是一个浪漫的天才，他散漫的自由发挥为比赛注入了才华、创意、激情、艺术完整性和情色，但不幸的是，他也带来了骚乱。在这里，有两个我们必须处理的生命要素：名歌手比赛所代表的刻板与华尔特所代表的混乱。

歌剧的主角是鞋匠汉斯·萨克斯，他规劝名歌手：规则只在有灵活性的条件下是有用的，也只有在真正需求产生时才用得到。萨克斯倾听双方的说法，赞赏他们完全相反的观点，并鼓励双方进行对话。他博学又有自己的思想，懂得将航道掌控在混乱和循规蹈矩之间的需要。我们看到他思索人的幻觉和人类存在的非理性，也看到他绞尽脑汁如何运用哲学来解决这个问题：既让名歌手大赛欣赏瓦尔特的优点，也让瓦尔特明白，为了保存该国的历史和传统，某些规则是必要的。

多亏了萨克斯考虑周全、反应敏捷、灵活变通和富有智慧，这个故事最后终于有了美满的结局。最后只有一个名歌手评委贝克梅沙没有被说服，他坚持不变。后来贝克梅沙为了自身的利益犯了错，他试图作弊，结果遭到孤立，陷入痛苦之中。萨克斯和贝克梅沙不同，他懂得要拥有灵活性并没有捷径，这需要正直、努力和全心投入。我们的工作跟萨克斯的工作很相似，也必须在循规蹈矩与混乱之间进行协调。

我的木汤匙

我有时候看着繁华的街道，心里会想：一百年后，我们都会死去。一百年前，在同样这条街道上，也许另一个女人也有过同样的想法。然而，也许她会像我一样安慰自己，认为爱是有遗传性的，爱可以在下一代身上得到延续，通过我们对学生、孩子和朋友的谆谆教诲，将爱的习惯传承下去。我的身边有已故姨妈的绘画，我的手指上戴着已故母亲留下的戒指，而她留在我脑海里的话语，还是敦促着我在女儿每次出门时，记得提醒她“路上小心”。我祖父的坏脾气在我父亲身上得到了传承，又遗传给了我，因此，其实他并没有真的死去。当我的女儿设计出缝纫图案时，我对针线活的热爱在她身上得到了延续。

通过代代相传的一连串记忆，把人们联系在一起，这种感人至深的过程，就像那些一代代传下来的器物一样，时刻提醒着我们祖先的存在。我很骄傲自己拥有一个已经破得不像汤匙的木汤匙。在没有电动搅拌器的 20 世纪 60 年代的岁

月中，我的姨妈教我将黄油和糖打成做蛋糕的原料。我们一直用这把汤匙，尽管当时这把汤匙就已经很旧了。我的姨妈小时候也是用这把汤匙的，虽然现在我已经用搅拌器了，但如果在我荷尔蒙分泌旺盛的那几天里，无意间看到抽屉里那把汤匙时，我还是忍不住会热泪盈眶。我的姨妈终究会被遗忘，我的女儿也许不会向她的孩子谈起我姨妈的事，但是我确信，我的女儿会教自己的孩子如何做蛋糕。和蛋糕配方一起，她会把我最先从姨妈那里得到的爱传递下去。噢，是的，我的姨妈会继续活着，尽管她的名字越来越少被提及，尽管她的汤匙终将被丢弃。

结　语

那么，我们如何保持心智与情绪健康？我们可以锻炼自我观察的能力，让我们即使面对自己最强烈的情感时，也有能力进行观察，不至于受到情绪的牵制，并让我们拥有更全面的视野。自我观察有助于我们避免过度的自我合理化，避免陷入已经过时的行为模式。我们可以注重培养人际关系，并且使自己变得更宽容。我们可以用真实的自我——而不是那个我们自认为的自己——去和他人建立关系。在这个基础上，我们才能为自己提供与他人建立联系和默契的机会。我们可以找到“良性压力”，来协调我们的身心，我们也会谨慎看待我们所听到的故事，以及我们赖以指导生活的信念体系。我们可以在任何时候重新编辑我们的故事，在我们滑向混乱或僵化时纠正自己。

做到这一点容易吗？不，当然不容易。确定性能让我们觉得自己身心健康，然而确定性是一个陷

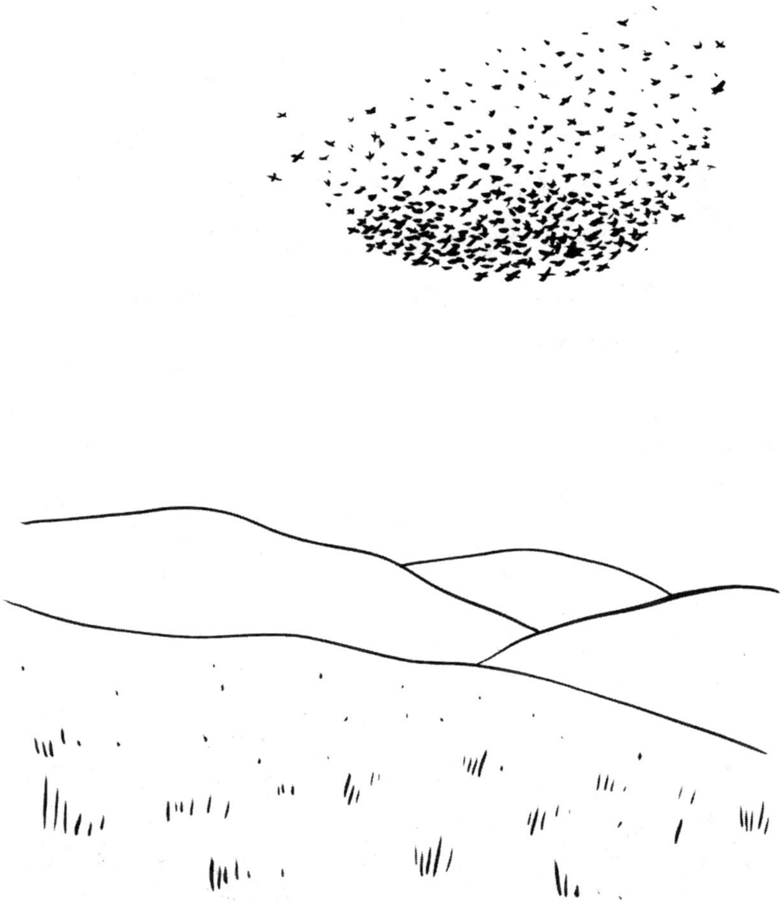

阱。从另一方面来说，我们也可能会向相反的方向走得太远，变得过度不确信，让自己永远跨不出新的一步。这两种极端都不是走向心智和情绪健康的最好途径。我认为，不如就做个记号，伸出一只脚踏上这条路，看看（感觉并思考）如何落脚；然后你就可以好好预测一下，下一步该走向哪里。如果一开始方向错了，任何时候都可以改过来。

我希望阅读这本书能对你有所裨益。如果想要得到更多的帮助，请做下一部分的练习。

练　习

即使你只是阅读这本书，我也希望它会对你有帮助。不过，为了真正改变自己，光是阅读可能还是不够的。想要真正运用本书的内容，必须通过实践。知道是一回事，去做又是另一回事。为了建立自我观察的习惯，就需要去做练习，仅仅知道理论是不够的。一套飞机模型套件中所附的说明书，并不是给你提供阅读材料，而是告诉你组装模型的实际步骤，让你能够成功组装。这一章节的练习与这些说明书相似。这些练习不只是让你阅读，而是要让你练习。你可以自己一个人做这些练习，也可以与另一个人或一组人做。一次不要做太多。我个人认为，一天做一个练习就够了：这样可以有足够的时间从潜意识中产生出洞察力，也有时间进行自我调节。

1. 一分钟练习

花上六十秒钟时间，只专注于你的呼吸。正常地呼吸，一旦你的注意力分散了，就再把注意力拉回到你的呼吸上，但不要试图改变你的呼吸方式。试着这样做的时候不要用语言思考。

能够保持哪怕只有一分钟的警觉、明确的注意力，我们也需要花好几年时间练习。做这个练习的目的不是看你能不能做到，而是让你体验这个练习本身。这一简单的呼吸练习会为你后面的练习打下基础，但是不要等到能够完成这个目标后再去尝试其他的练习，你只要经常回头来做做这个练习就可以了。

每当一分钟结束后，注意一下这个练习对你来说有什么效果。引导你的注意力的感觉如何？你注意到情绪的变化吗？做这个练习对你有什么影响，这种影响又能持续多久呢？

2. 三十分钟练习[26]

- 真正做完这个练习，并且用足三十分钟来完成。
- 找一个笔记本做记录。
- 关掉电话、电脑、收音机和电视。不要拿书或报纸，选择一个你不会被打扰的时间。
- 找一个闹钟定时三十分钟。
- 坐在有靠背的座位上。你可以把脚抬起来，但不要躺下，因为这样你可能会睡着，这可不是本练习的目的。

- 把注意力集中在你的呼吸上，并且不要想任何事情。
- 你的脑子里会有各种想法，但不要停留在任何一个想法上。把它分类，并用一两个词把它记在笔记本上，然后就别再想了。当下一个想法进入你的脑海时，同样也这么做。如果脑海里出现想停止做这个练习的冲动时，像对待其他的想法一样，把它简短地记下来，然后继续把你的注意力拉回到呼吸上。
- 这样做三十分钟。

现在看看你写下的所有想法，按下列类别分类，算出每一类想法的总数。以下每一项类别后面的数字，是我自己做这个练习的结果。

- 感官意识的想法，如：声音、视觉、气味、感觉　–4
- 计划性想法：想要做或需要做的待办事项列表　–3

- 引起焦虑的想法：担忧或自贬的想法 –2
- 重现的记忆 –0
- 不存在的情形、关系或事件的幻想 –0
- 妒忌、愤怒、抗拒、批判的想法：想停止这一练习或其他的批判性想法 –5
- 无法摆脱的：任何你无法摆脱，并占据了本练习的想法 –0

你可以增加更多的类型，以符合你所拥有的想法。

首先，这个练习的目的是看你做了什么，让你注意你是如何做这种练习的。也许你很了解自己自言自语时所说的话，但是，倾听那些没有语言的想法，也是很有趣的。

其次，这三十分钟的想法样本，也许表明了你平时在各方面会有的想法，所以，如果你百分之八十的思考时间都是在幻想，剩下百分之二十的时间花在感觉必要的事物，看着这个结果，你可以对自己说："我还有别的选择。我可以试一试，如果花更多的思考时间，关注我能看到或闻到的东西，或者专注与我所欣赏的事情上，那样我可能会更满足。"做这个练习的关键是加强自我观察。如果你不知道自己想要改变什么，你就什么都改变不了。做这种练习唯一可能出错的地方就是，你不去做，或者半途而废。但即便如此，你也可以重新开始。

以下是我完成这个练习时所做的部分摘要，以及我得出的结论：

> 我不知道我喜欢橘子酱的想法应该属于哪一类，也许应该把它放在回忆那一类里，而不是感官感觉那一类？不管了，我觉得这没有什么大关系。我注意到我写下了“太胖”；我不记得自己有过这样的想法，我猜是在我想到自己时写下的——肯定属于“引起焦虑”那一类。我很多次想停止这一练习——一共五次，我记在了记事本上。我注意到的另一种情况是，所有的抵触想法都发生在做这个练习的最初十分钟里，而且前半段的时间过得非常慢；后来我放弃了抵抗，全心投入到这项练习中，后面一半时间就过得很快，结束的时候我甚至感到有点遗憾。不抵触之后，我觉得自己好像有一个朋友陪伴着，这种感觉很好。我在想，这是不是因为我开始接受任何闪现在脑子里的想法？我不确定

我在抵触什么，但这种感觉却很熟悉。下一次再感觉到抵触的时候，我会对抵触的内容感到好奇；不知道这是长期的还是短期的。这一次练习我很满意，我倾听到了这些抵制的声音，但我能做到把它放在一边。如果我按照这种想法去做，就会变成自我破坏。我发现，这么简单的一个练习，就让我正面地关注自己并有所收获，这确实令人不可思议。我不确定我得出的结论是不是经过了后合理化，但光是这些领会就已经让我心满意足了。

这个练习为我们提供了关于自己的信息，这是我们原本无法察觉的信息。如果我们每周做一次这个练习，并比较其结果，我们就会看到自己思维模式的变化。它还会让我们感受到，哪些想法激发了我们的创造性和好奇心，并使我们迈向成长；相反的，又是哪些想法会导致我们落入后合理化的困境。

3. 边干活边做的自我观察练习

试着这样做：下次你在做家务（比如烹饪、清洁、洗衣等）时，把注意力完全集中在你正做的事情上，把进入头脑的每一种感觉、想法、直觉或记忆都记在脑子里。比如“我现在正在洗杯子；我感觉到了温水和肥皂泡；现在我把杯子放在了沥水板上，而且听到了两个杯子碰撞的声音；现在我在想阿富汗战争；现在我在拔出插头”等。你还可以在淋浴、清洁厨房地板或者吃饭时，全神贯注地做自我观察练习。这是一个培养自我观察和专注于当下生活的简便途径。

4. 注意力集中练习

我自己喜欢用四十五分钟到一个小时的时间来做这个练习，但你可以先从五分钟练习开始，然后逐渐增加时间。做练习的时候，可以让别人在一边帮你念，也可以录下自己大声朗诵练习内容的声音，再播放出来听。

你可以把这项练习当成是对大脑的锻炼，所以不要睡着了。直起腰坐在椅子上，两脚着地，眼睛睁开。首先，在不刻意改变呼吸方式的情况下注意你的呼吸……思想开小差时，这是肯定会发生的，此时就再把注意力拉回到你的呼吸上……注意吸气时你的腹部是如何扩张的……

低头看你眼前的地板，注意能让你眼睛一亮的东西；注意你所看到的事物的颜色、质地和形状……用一两分钟时间观察、注意你周围的事物，但不要做判断……把注意力再返回到呼吸上……想象空气在你体内的形状……注意吸气……注意呼气……

注意你听到的所有声音……注意房间外面的声音……注意房间内的声音……用几分钟，轮流将你的注意力放在你听到的所有不同声音的声源上……现在把注意力返回到你的呼吸上……注意呼气时空气离开你鼻腔时的感觉……注意吸气时空气进入鼻腔时的不同感受……注意你嘴里的味觉以及房间的气味……吸气时注意气味……呼气时注意味觉……你舌头的哪个部位会感受到味觉？……在呼吸的过程中，你的嗅觉什么时候最为敏感……

再回到你的呼吸……想象新鲜的空气从你的身体一直到你的脚……注意你脚跟的感受……脚上的皮肤现在感觉如何？……脚部哪个部位感受到的压力最大？……然后注意你右手的皮肤有什么感觉……如果有的话，那么它接触到的是什么？……现在把注意力集中在左手上……想象你的手感受到的外部温度……返回到你的呼吸……如果你没有闭眼睛，现在可以闭上，同时注意你是如何呼吸的……

把你的注意力转向你的消化系统……慢慢地把意识从嘴巴移到食管……胃……小肠……大肠……膀胱……直肠……返回到你的呼吸，注意你的吸气……然后是呼气……注意呼气与吸气的转换……吸气以后多久再开始呼气？……注意这个停顿……注意呼吸最尽头的那个停顿……现在把注意力转向你的心脏……注意你的脉搏……停顿一会儿，注意你的心跳……返回到你的呼吸，并停在那里一分钟……

把注意力集中在你脑子里的唠叨上；花一点儿时间观察你的想法……返回到你的呼吸上……现在想象你就像一条鱼那样能在水里呼吸……想象你在深海里，抬头看着水面……那个水面就是你的心情……它是波涛汹涌？……还是风平浪静？……现在你是在水面上空飞翔的小鸟……你可以使用思考的力量，把水面变得波涛汹涌或风平浪静……把你的注意力返回到呼吸上……

现在让你把注意力集中在此刻你最亲近的人身

上……你跟那个人关系如何？……想起他们的时候你的感觉如何？……把圈子扩大到和你今天说过话的人……你觉得跟他们亲近还是疏远？……你和最亲近的家人和朋友之间有多亲近？……跟你的社区呢？……你的国家呢？……你的世界呢？……

再次回到你的呼吸上，注意你的呼吸起伏。记住你刚才所做的；你已经探索了五个最直接的感官：视觉、听觉、触觉、味觉和嗅觉。你已经探索了内在的和生理上的感官，也注意到了你的想法和感觉。你在观察时，看到了自己像海面一样的感觉；你感受到了与他人联系的感觉，现在再一次把你的注意力返回到你的呼吸上……

你注意自己的呼吸时，注意你在注意自己的呼吸这件事……关注你可以有意将注意力集中在这些领域的任何一处……你并不受自己的想法所支配，相反你可以引导它们……你可以有意地关注某些事物……或者，你可以有意无意地注意到自己注意力的游离……

写下或画下你在做这个练习时的感觉。当你想到做这个练习时，你脑海中浮现的是什么？

5．四步呼吸练习法[27]

靠着坐或躺着。注意你的呼吸。呼吸时把你呼吸的每个阶段进行编号：

1. 吸气
2. 吸满气
3. 呼气
4. 呼尽气

养成边呼吸边数数的习惯。如果你在吸满气或呼尽气时，花的时间太短无法数 2 和 4，就减慢速度，直到你能轻松地一边数数一边呼吸为止。

现在，在边呼吸边数数时，对你的想法进行观察。注意你呼吸的每个阶段你体验到的情绪的细微差别。首先比较 1 和 3，然后比较 2 和 4。比较一轮呼吸中，哪个阶段是你感觉最舒服的，哪个阶段是最不舒服的。你需要花多少时间，就用多少时间去做。

当我们意识到了每个数字代表的阶段情绪的细微差别时，我们就把数字换成语言。这样呼吸就对应于一句话，你可能需要拉长呼吸。如果你呼吸较慢而且有足够的时间，不要加速。把数字换成下面的话语：

1. 我从世界获取
2. 我把它变成自己的
3. 我回馈世界
4. 我回到自我

你可以想一想，这些话语是否能与你呼吸时最舒适和最不舒适的时刻联系起来，还有，这些话语是否为你传递了新的信息。在与人交往的过程中，如果你觉得自己冷静律己或满腔激情而静坐冥想时，你也可以使用这些话语。比如：

1.（吸气）我看到有人占了我的车位（我从世界获取）
2.（吸满气）我想他们是故意刁难我（我把它变成自己的）
3.（呼气）我冲着他们大叫不要停在那儿（我回馈世界）
4.（呼尽气）我认为自己是对的（我回到自我）

然后你可以用这些语言思考不同的做法：

1.（吸气）我看到有人占用我的车位（我从世界获取）
2.（吸满气）我认为这不是故意针对自己的（我把它变成自己的）
3.（呼气）我告诉他们我已经付了这个停车位的钱，公共停车场就在街角；我做了一个更大的车位标记（我回馈世界）
4.（呼尽气）我觉得很满意（我回到自我）

更积极的案例是：

1.（吸气）姨妈教我烤面包（我从世界获取）
2.（吸满气）我有了自己的制作方法（我把它变成自己的）
3.（呼气）把我学到的传下去（我回馈世界）
4.（呼尽气）这种感觉很好（我回到自我）

在做这些练习时，你会找到自己最喜欢的一种。

这里讲的四步呼吸练习是我的最爱，我至少每周做一次，通常会做得更多。对我来说，我喜欢它的地方是：它反映出生活的经验，我们从外界接受某些东西，又返还出去，然后回到自我。这个练习还反映了我们每个人在感知世界时，如何发展出自己独特的想法（“把它变成自己的”）的。

6. 拥挤练习（感觉，思考，行动）

这个拥挤练习，可以帮助我们发现自己在哪个“区域”感觉最舒适。要使我们最有效地利用自己，我们必须在下面三个“区域”中得心应手，那就是：思考、感觉和采取行动。通常我们对其中的一个或两个区域会感觉更舒适一些。拥挤练习会帮助我们意识到，我们应该首先改善哪个区域，然后提醒我们合理使用所有的区域，使我们的内在资源发挥到最大极限。

开始时，这个练习要做得快一些，每个部分都不要重读。找出笔和纸（或者把答案写在书上）。答案不需要长。你需要寻找的是第一印象，而不是深思熟虑后的结果。（我在整个练习中都是使用“我”这个代名词，但这里的“我”其实是指你，而不是我！）

（1）

- 我想象自己正在一个拥挤的地方。我觉得……
- 在这个拥挤的地方，我身边有我的家人和朋友。我觉得……
- 人群向前涌去，我与我的亲友们分开了。我觉得……
- 我周围有几百个人，但我只有孤单单一个人。我觉得……
- 人群散去，周围还是只有我一个人。我觉得……

（2）

- 我在一个拥挤的地方。我认为……
- 我的家人和朋友在我附近。我认为……
- 人群向前涌去，我与我的亲友们分开了。我认为……
- 我周围有几百个人，但我只有孤单单一个人。我认为……
- 人群散去，周围还是只有我一个人。我认

为……

（3）

- 我在一个拥挤的地方。我接下来要做的是……
- 我的家人和朋友在我附近。我接下来要做的是……
- 人群向前涌去，我与我的亲友们分开了。我接下来要做的是……

- 我周围有几百个人，但我只有孤单单一个人。我接下来要做的是……
- 人群散去，周围还是只有我一个人。我接下来要做的是……

现在回答这些问题：

- 回想一下刚才你头脑里的影像，你是把自己当作小孩子、成人还是这群人的负责人？
- 你认为坚持扮演这个想象中的自己的角色，对你来说很重要吗？
- 你对感觉、思考或行动三者之间的差异有多大？（如果答案相同，那就重做一遍！）
- 感觉、思考和行动，哪一个对你来说最容易？
- 你做出的反应相对来说是灵活的还是刻板的呢？你觉得自己反应时有选择吗？还是你觉得自己没有任何选择？
- 你认为你的想法会影响你的感觉和行动，或者你的感觉会影响你的想法和行动吗？或者对你来说，首先是行动，然后才去感觉或思考的吗？

- 你的最具主导性的区域是什么，是感觉、思考还是行动？你最少涉及的区域又是什么呢？
- 如果考虑一下其他会影响你如何行动、思考或感觉的选择，想想你真的那样做，会有什么感觉？
- 如果考虑接下来的日子自己如何思考、感觉和行动，你会有哪些选择呢？行为模式是习惯性的，如果仅仅是在想象中改变一下其中的某些行为模式，情形会怎样呢？
- 如果只进行一两个小小的变化，行为模式会发生什么变化呢？
- 如果是大的变化，又会是怎样呢？
- 你的回答有多少是悲观主义的？
- 你的回答有多少是乐观主义的？

（4）

- 感觉你做这个练习的反应。
- 思考你做这个练习的反应。
- 你做了这个练习了吗？你在生活中经常忽略“做”这个部分吗？这是一种模式吗？

这个练习可以帮助我们意识到自己会先走向哪一个区域，并且提醒我们使用所有的三个区域——思考、感觉和采取行动——从而使我们的内在资源最大化。

我在为一些夫妻或小组提供咨询时，也会使用这个练习，来发现每个人最舒适的区域。当大家对他人最舒适区域有所了解时，人们会更加理解彼此，从而改善彼此的关系。比如，我让一对夫妇向我讲述他们典型的一次争吵。他们告诉我，有一次，朋友邀请他们去度周末。男主人告诉朋友说："我们早饭后出发，到时见。"丈夫认为这句话的意思是，每个人都应该在八点半之前上车，准备出发。但妻子却认为，她可以让孩子们边看动画片边吃早餐麦片，自己也可以一边听着她最爱的周六早新闻，一边悠闲地准备东西。九点钟了，看到家里其他人还穿着睡衣，丈夫的嗓门就大了，妻子也大声争执起来。

这位丈夫是个"行动派"，而妻子则是个"感觉派"，但他们并不了解彼此的这一特点，所以觉得对方处理日常生活的方法不可思议。一起做拥挤练习后，他们了解到每个人都有一个比其他都发达的特殊"区域"，知道这一点有助于他们更好地了解彼此，并能预期对方对某些情况所做的反应。这可以让他们更加具体地了解对方的需求，并达成妥协——不是因为有人对，有人错，而是因为他们懂得尊重彼此的差异，并相应地彼此都考虑到对方的特点。

7. 制作家族谱系图练习

做这个练习可能需要几个小时，也可能需要一周的时间，主要看你愿意投入多少时间。做的时候最好不要太着急，尽量在你有充足的时间时开始，这样才有效果。家族谱系图可能是迄今为止对提高自我观察最有用、最全面的工具之一，它给予你的自我观察能力，与你从一个好的心理治疗师那里得到的几乎一样多。但是一定要注意，做的时候要关注你自己，倾听自己的直觉。如果所获得的信息让你难以承受，你一定要慎重对待这种感觉，休息一下或者先停下来，你永远都可以以后再做，或是等你心理承受能力更强时再做。

（1）

在一张大纸的中央画一条水平线。在这条直线两端各画一条与之垂直的短线——短线上方一个画

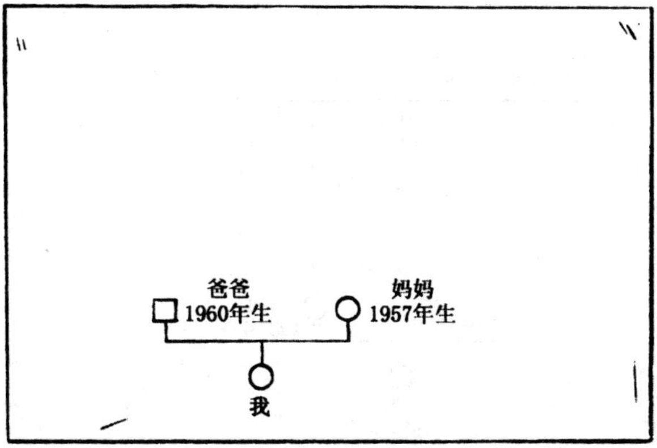

正方形代表父亲，一个画圆圈代表母亲。

把他们的姓名和出生日期写在标志的旁边。如果其中的一位已经去世，就在圆圈或正方形上画×，并写下去世的日期。如果已经离婚或者分居，用两条破折号在水平（婚姻）线上标注日期。

（2）

接着，把你和你的兄弟姐妹写在图上，正方形代表男性，圆圈代表女性。在你的圆圈或正方形上画星号，因为你是这个练习的主角。流产用小圆点表示。

（3）

现在把你的祖父母放到图里，再按出生顺序，

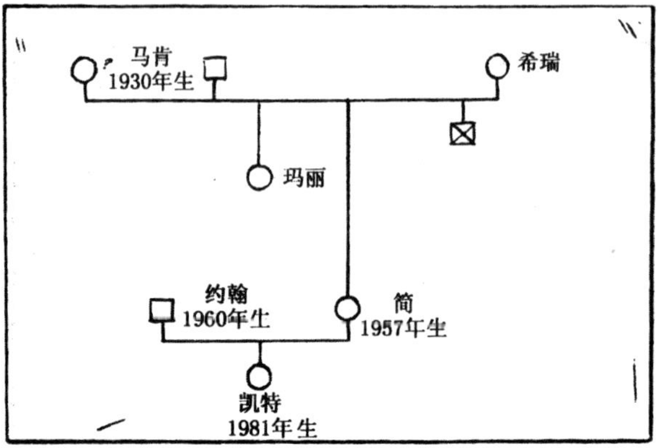

把你的姑姨叔伯全都放进图中。我说过这不是件容易的事，所以请继续做下去。在这个阶段，我经常找一张更大的纸重新开始画。现在你已经有了一张包括你最亲近的亲戚的家族谱系图了，其中包括你的父母、兄弟姐妹、祖父母和姑姨叔伯。[28]现在，再加上你的姻亲和其他的血缘亲戚——你的子女、侄子侄女、外甥外甥女、表兄弟姐妹等所有的人。用五个形容词来描述每一个人——你可以请家庭的其他成员帮忙，但不要感伤、怀旧，要实际一点。

（4）

如果有人有不止一次的婚姻或同居关系，你可以用延长婚姻线的方式来表示。把跟你们生活在一

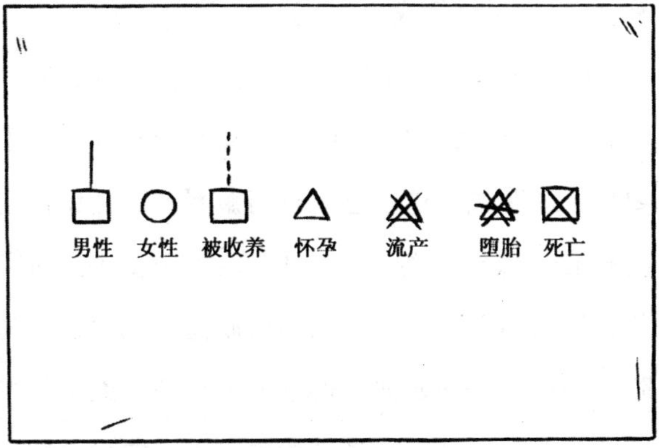

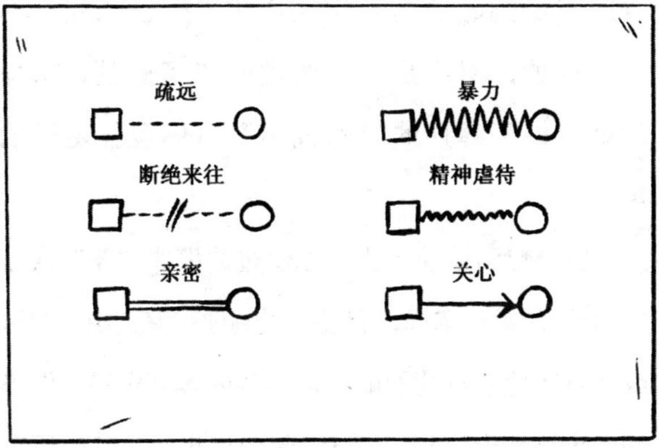

起但不是亲戚关系的人如房客，或对你或你的家人特别重要的人都列进去，你可以用不同颜色的线来表示。

这里是你的绘制家族谱系图时需要用的标志。正如你看到的，你会在两个人之间使用不同的线，来表示关系的密切或冲突、暴力以及爱等等。

在创建家族谱系图时，你注意到了什么吗？你有什么感觉？你被它吸引了还是很排斥它？不要马上说明或对这些感觉进行解释，而是保留这些感觉。做这个练习时，你会回想起过去的印象、记忆和人际交往。制作家族谱系图时，一些隐形的信息——如你觉得谁值得信任，谁不值得信任——都会再次回到你的脑海中。你可以把所有明显或隐藏的信息记在心里，确定哪些是你要保留的，哪些是你需要进一步了解的，这样你就可以了解你的家庭或出身对你现在生活的影响。

想一想到目前为止，你做过的那些“要”或者“不要”的重要选择，有没有受到你在家庭中体验过或注意到的事物的影响。把这些内容列出来。你当初做出这些选择后，有没有改变过想法？其中还有哪些仍在影响你的生活？看看过去的这些人际关系，能否得知它们对你目前的人际关系有哪些影响吗？

以下是一些你可能需要进一步思考的问题：

- **哪位或哪些家庭成员与你是最相像的？你与**

他们的哪些品质最相似？

- 想想你从每个家庭成员中所获得的第一个信息。你认为生活中重要的是什么？你的生活原则来自哪里？比如，你觉得自己有多少可以展示给别人？你的开放或保守态度来自哪里？
- 你的家人表达爱的方式是什么？如何表示关心？如果家人需要特别的帮助，他们会怎样做？他们会求助于谁，又会如何获得支持？如果你需要支持，你会如何得到呢？
- 你的家人是如何表达情感的？又是如何维持感情的？你的家人是如何控制感情的？
- 家里是如何对待孩子的？如何养育他们长大的？又是如何管教他们的？
- 你幻想中的幸福家庭是什么样的？这个幻想与家庭谱系图中的现实比较有何不同？
- 你的父母在哪些方面做得对？
- 不同的家庭成员之间是如何相处的，这种方式对你的生活有什么影响呢？
- 找找看家庭危机。这些危机属于哪种类型？比如，兄弟姐妹之间的关系有没有过彻底决裂？有没有遭遇破产或其他的灾难？你的家

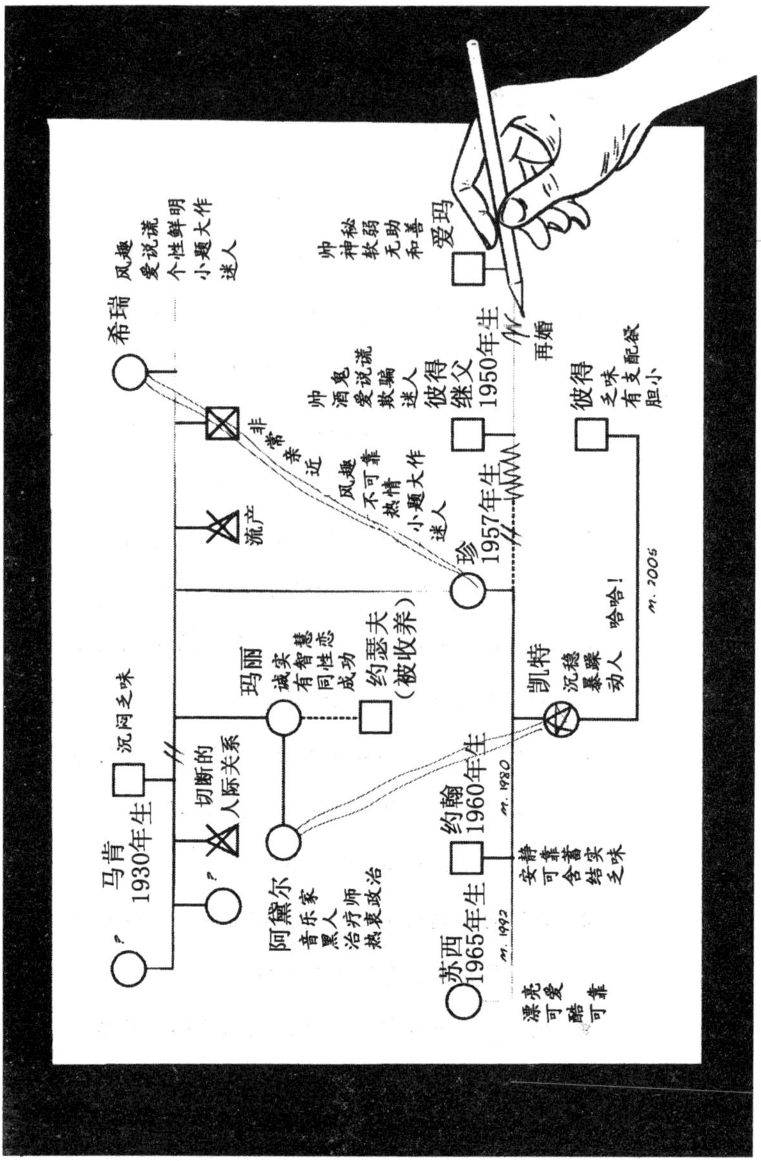

马肯
1930年生
沉闷乏味
切断的人际关系
希瑞
风趣
爱说谎
个性鲜明
小题大作
迷人
非常亲近
流产
风趣
不可靠
热情
小题大作
迷人
珍
1957年生
帅
酒鬼
爱说谎
欺骗
迷人
彼得
继父
1950年生
再婚
帅
神秘
软弱
无助
和善
爱玛
彼得
乏味
有支配欲
胆小
阿黛尔
音乐家
黑人
治疗师
热衷政治
玛丽
诚实
有智慧
同性恋
成功
约瑟夫
（被收养）
凯特
沉稳
暴躁
动人
哈哈！
m. 2005
约翰
1960年生
m. 1980
安静
可靠
含蓄
结实
乏味
苏西
1965年生
m. 1992
漂亮
可爱
酷
可靠

族发生过什么样的纷争？

- 你的家族中父母辈的离婚模式是什么？你家的模式又是什么？
- 观察家族谱系图中所有的人之间的人际关系模式，谁的人缘比较好？谁遭到疏远？有人总是充当替罪羊——被人抛弃吗？是否也存在偏袒谁的家族文化？
- 你们家中有谁有过精神健康方面的问题吗？分析所有的家族精神问题，它们是家族特征，还是由外部事件所引发？有没有什么证据显示，创伤性经验所造成的影响会传到下一代？
- 观察你自己跟母亲之间的关系，再观察你母亲和外婆之间的关系。同样观察你父亲和你的祖父之间的关系。再看看他们和自己的父母之间的关系。
- 你的家族对权威的态度是什么？你的祖父母与权威的关系如何？你的父母呢？你呢？他们对权威的态度对你有什么影响？将这个问题同样用在对异性、少数民族、穷人、富人以及外国人的关系上。

- 你注意到的这些模式是如何影响你形成自己的性格和你的身份的？
- 你的家族对“正确行事”的信念是什么？比如，寒暄或开始一段爱情关系的正确方式是什么？共同的价值观（无论是明说的还是私下的）是什么？
- 你认为在情感和关心方面，总体上你是付出比较多，还是获得比较多的那一个？你觉得你的家人是不是真正了解你？
- 对于已建立的人际关系，你有什么期望？
- 你的家族中，是否每一代都会有人做同样的工作或职业？你对某种爱好和专业在你家族中的传承有何感觉？
- 家族谱系图中的某人是如何谈论另一个人的？你之前注意过吗？这对你谈论他人有影响吗？
- 如果父母不在身边，你跟兄弟姐妹会如何相处呢？谁扮演怎样的角色？你会被忽略还是受到重视？谁是众人瞩目的中心？谁又消失在了阴影中？曾经作为这些大小不同团队中的一员，对你今天有什么影响？你感觉跟别人在一起有安全感吗？或者你会觉得被大的团队吓住？你跟另一个人在一起时感觉很好，但跟两个以上的人在一起会感觉受到威胁？如果对你来说和一个团体相处很困难，能在家族谱系图中找到原因吗？

- 老一代的人常常讲给年轻一代讲什么样的故事？你们会不会把这些故事再传给下一代？你们讲故事的节奏相同吗？你是不是从来不讲故事？
- 你的父母是如何使用电视机的？这个习惯被传下来了吗？想想你的家人是如何就餐的。一起围坐在桌边，还是在电视机前？或者从来没有家庭聚餐这种事？
- 你的祖先对宗教的态度是什么？这对你有什么影响？
- 你的家人是开放的还是神秘的？彼此之间呢？与家庭以外的人之间呢？你自己对秘密的态度是什么呢？
- 你所遗传到的情绪特质是什么？你从祖先那里继承了哪些信念、行为模式、思维方式和感觉方式？

- 你认为正确行事和错误行事的条件是什么？
- 你们家里是不是把思考看得比感觉和行动更重要？或者更赞同表达情感还是付诸行动？这一遗传对你来说意味着什么？
- 你在家庭中学到的最重要的事（正面的和负面的）是什么？
- 你的家族男性和女性对工作的态度是什么？对金钱和性呢？
- 你们家是如何看待移民入境与移民出境的？或维持现状？这对你现在有什么影响？
- 你这个练习做得如何？想象一下你的祖先对这个练习可能会有什么态度。

这些问题还不够详尽。如果你想到其他的问题，请列在上面，继续探究下去。上面所列的问题只是你借助家族谱系图能够完整回答的范例，画一张家族谱系图并写在上面。你也可以创造一些不同主题的家族谱系图。

通过家族谱系图，我们可以记起一些过去的故事和家族传奇，它们是无害的，可以培育和滋养我们。每个家庭都有或好或坏的传奇和传统，重要的是我们从中挑掉某些无多大益处的故事时，不要抛弃那些有益的东西。

我把这个练习比作清理一个我好久都没有看过的橱柜。其中的每样东西都是带有感情的，但是我需要放置新东西的空间。因此，与其保留每样东西或者全部扔掉，不如我需要看过每样东西，看看我对它们有什么感觉，然后再决定是丢弃还是保留。

这只是你培养和维持自我意识的小型练习样本。有些人可能会跟治疗师或者治疗小组一起做，但你也可以自己做，或与朋友一起做。做这些练习就像保持清醒一样，需要付出努力，而且这个功课永远不会结束。我已经做过许多次家族谱系图，每次总能发现新的东西。我把做四步呼吸练习和基础练习当作每天的例行功课。我保持写日记的习惯，不断扩展自己内心的舒适区域。我不敢说我在任何时刻都能保持心智完全健全，但我觉得，这些练习会帮助我努力实现这一目标。

注　释

引言

1　我是在丹尼尔·西格尔（Daniel Siegel）所著的《第七感》（*Mindsight*）一书中，第一次读到这个概念。

2　选自路易斯·科佐利诺（Louis Cozolino）的《心理疗法的神经科学》（*The Neuroscience of Psychotherapy*）一书。

第 1 章　自我观察

3　这个练习选自珍妮特·润华特（Janette Rainwater）的著作：《你是主宰者：成为自己的治疗师的指南》（*You're in Charge: A Guide to Becoming Your Own Therapist*）中类似的练习。

4　更多的相关信息请参考：

http://nobelprize.org/education/medicine/split-brain/back-ground.html

5 这一观点以艾利斯·米勒（Alice Miller）所著的《从未发现的钥匙：探究童年心理创伤与创造性和破坏性》(*The Untouched Key: Tracing Childhood Trauma in Creativity and Destructiveness*）为基础而提出的。

6 西蒙·拜龙·库何 (Simon Baron-Cohen) 在《零度同情》(*Zero Degrees of Empathy: a New Theory of Human Cruelty*）一书中解释了缺乏同情可能造成的行为后果。

7 淋巴细胞是我们免疫系统的重要部分，可以测量我们的健康状况和抗病能力。

8 http://www.huffingtonpost.com/ocean-robbins/having-gratitude-_b_1073105.html ?ref=fb&src=sp&comm_ref=false

9 朱丽亚·卡梅伦（Julia Cameron）在她的《艺术家的方式》(*The Artist's Way*）一书中把这个方法称为“晨间记录卡”。

10 http://lapleineconscience.com/wp-content/uploads/2011/11/Holzel-etal-PPS-2011.pdf

第2章 人际关系

11 神经可塑性是大脑和神经系统根据外界输

入改变结构和功能的能力。可塑性通过建立新的神经通道而形成，新的神经通道使新的思维方式、反应方式、感觉方式和人际关系随着新的通道的确立变得熟悉。

12　卡尔·罗杰斯（Carl Rogers）以同情为基础而不是以解释为基础建立了人性辅导。

13　A&E，24小时系列节目第四频道中一个内心创伤顾问曾经提到。

14　来自凯特·福克斯（Kate Fox）的书《英国人的言行潜规则》(*Watching the English*)。

15　凯特·福克斯，《英国人的言行潜规则》。

第3章　压力

16　更多有关软弱的力量的内容，请登录 http://www.ted.com/talks/brene_brown_on_vulnerability.html 观看由布林·布朗 (Brene Brown) 所讲的内容。

17　这个观点来自罗伯特·波西格 (Robert M. Pirsig) 的《禅与摩托车维修艺术》(*Zen and the Art of Motorcycle Maintenance*)。

18　请参考 http://www.infed.org/thinkers/gardner.htm

第 4 章 什么故事？

19 我第一次在路易斯·科佐利诺的书《心理疗法的精神科学》中获得共同叙事的观点。

20 http://en.wikipedia.org/wiki/Cultivation_theory

21 Maruta，Colligan，Malinchor & Oxford，2002；Peterson，Seligman &Vaillant，1988. 引自科佐利诺所著的《保持健康的老年大脑》（*The Healthy Aging Brain*）一书。

22 科佐利诺，《保持健康的老年大脑》。

23 这是我编的，但是我相信它。

24 这个故事来自珍妮特·润华特所著的《你是主宰者：成为自己的治疗师的指南》一书。

25 你在怀疑自己的能力时，那么另一个人的信任会使你走向成功，只要你能使他们的乐观影响自己的悲观。

练习

26 这个练习改编自珍妮特·润华特所著的《你是主宰者：成为自己的治疗师的指南》一书。

27 这个练习受到我在2003年参加的由珍妮特·润华特组织的UKAPI会议中的研讨会的启发。

28 如果搜索网络，你会找到制作家族谱系图的软件。我自己没用过，但也许有用。

延伸阅读

有许多书、文章和谈话，对本书观点的形成作了巨大的贡献，我之所以强烈推荐以下极有用的书籍，不仅因为这些书籍富有启发并包含大量信息，而且它们本身就是极好的读物。

西蒙·拜龙·库何著:《零度同情》

本书在解释是什么导致了人们残忍地对待他人的原因方面，给读者提供了一种新的理解方式，本书挑战我们重新思考邪恶这一概念。

路易斯·科佐利诺著:《保持健康的老年大脑：保持情感、维持智慧》《人类关系中的神经科学：社会性大脑的情感依恋与发展》《心理疗法的精神科学：社会性大脑的康复》

路易斯·科佐利诺是一位擅长将神经科学信息整合起来，并使得神经科学能为普通人所理解的大师。他阐释了神经生物学和社会生活之间的深刻联系，同时将他的学识以实用的方式呈现出来。

诺尔曼·道伊奇著:《大脑可以改变》

本书解释了何谓神经可塑性，以及我们的大脑如何通过集中精力和做练习进行自我修复。

马林·吉尔伯特和万佳·奥兰斯著:《综合疗法》

本书深入解释了心理治疗的运作方式，包括概念、技巧、策略和过程。

艾利斯·米勒著:《从未发现的钥匙：探究童年心理创伤与创造性和破坏性》

很遗憾本书已经绝版，不过如果你能找到一本来看看，你就会明白童年心理创伤是如何导致了今后的创造性或者破坏性，以及造成这一不同的因素。

菲莉帕·佩里著:《沙发》

本书是心理治疗入门书，通过图像小说的形式展示了心理治疗的作用如何，以及会有什么效果。

珍妮特·润华特著：《你是主宰者：成为自己的治疗师的指南》

这本实用的自助书，提供读者做自己的治疗师的方法和练习。

丹尼尔·西格尔著：《第七感》

沉思练习可以用来保持良好的精神健康，并减缓一连串心理和人际关系的问题，本书解释了它的方法，并提供了案例研究作为参考。

大卫·斯诺登著：《优雅地老去》

本书告诉读者，老年未必一定意味着疾病缠身或失去行为能力，相反，这也是一个充满希望和富有收获的年龄。老年人也可以充满睿智，远离疾病。

Notes